www.ingramcontent.com/pod-product-compliance
Lightning Source LLC
LaVergne TN
LVHW010215070526
838199LV00062B/4596
* 9 7 8 9 3 5 8 7 2 2 6 8 0 *

گوپی کی نظم

نغمۂ آب

(این گوپی کی طویل نظم
جل گیتم
کا اردو منظوم ترجمہ)

پروفیسر رحمت یوسف زئی

© Rahmat Yousuf Zai
Gopi ki nazm Naghma-e-Aab (Poetry)
by: Rahmat Yousuf Zai
Edition: May '2024
Publisher :
Taemeer Publications LLC (Michigan, USA / Hyderabad, India)

ISBN 978-93-5872-268-0

9 789358 722680

مصنف یا ناشر کی پیشگی اجازت کے بغیر اس کتاب کا کوئی بھی حصہ کسی بھی شکل میں بشمول ویب سائٹ پر
اَپ لوڈنگ کے لیے استعمال نہ کیا جائے۔ نیز اس کتاب پر کسی بھی قسم کے تنازع کو نمٹانے کا اختیار
صرف حیدر آباد (تلنگانہ) کی عدلیہ کو ہو گا۔

© رحمت یوسف زئی

کتاب	:	**گوپی کی نظم نغمۂ آب**
مصنف	:	**پروفیسر رحمت یوسف زئی**
جمع و ترتیب	:	اعجاز عبید
صنف	:	شاعری
ناشر	:	تعمیر پبلی کیشنز (حیدر آباد، انڈیا)
سالِ اشاعت	:	۲۰۲۴ء
صفحات	:	۱۷۰
سرورق ڈیزائن	:	تعمیر ویب ڈیزائن

(ـــ1ـــ)

جانے کس کائناتی عمق سے
یہ پانی
چھلک کر یہاں آگیا!
وسعتیں بے کراں
اک طویل
اور لا انتہا یہ سفر!
کیا پتہ......
کن خلاؤں سے

پانی

صداؤں کا پشتارہ لایا یہاں ! !

ہے یہ پانی.....

کہ جس کا فقط نام لیتے ہی ہم

بھیگ جاتے ہیں سر تا قدم !....

نام لیتے ہی پانی کا

سارے بدن میں عجب کپکپی !

"پانی پن" ہی تو ہے

جس کے اکرام سے

زندگی کی تجلی سے ہیں ضو فشاں

ہم سبھی ذی حیات !

ہیں فقط تین جوہر.....

بنا ہے انہیں سے یہ موتی

جو ٹپکا ہے انگنائی میں

جو ہتھیلی کے گہرے سمندر کی موجوں کی ہلچل سے اچھلا

اچھل کر گرا! !

جانے آیا کہاں سے
نہ جانے پھلانگے ہیں کتنے جہاں
جانے کتنی سیہ ظلمتیں
نور کے کتنے لوندے
ہیں پنہاں دلِ آب میں ! !
کرۂ نیلگوں !
جس کے ہمراہ آئے ہوئے بن کے مہمان
اے بے بہا خلیۂ زندگی !.....
یہ تو بتلاؤ کہ کیا ہے تمہارا پتہ ؟
اب کبھی لوٹ کر تو نہ جاؤ گے تم ؟

اک تمہارے حیات آفریں لمس سے
جیسے زچّہ بہ ہر لمحہ ہے یہ زمیں !
تم سے ہی تو ہر اک چشمہ لبریز ہے.....
جیسے ہو رحم مادر کوئی !
یہ بتاؤ کہ تم
کون سے دور افتادہ افلاک کا

تحفۂ نور ہو؟
تم جو آئے۔۔۔۔۔
تو نالے بنے۔۔۔۔۔
اور چشمے بنے۔۔۔۔۔
ساری ندیاں بنیں۔۔۔۔۔
یہ سمندر بنے۔۔۔۔۔
جن سے دھرتی کو تم نے
نئی جلد پانی کی کر دی عطا!
سہ گنا آب اور
چند ٹکڑے زمیں۔۔۔۔۔
لے کے یہ کرۂ زندگی گھومتا ہے
مگر۔۔۔۔۔
یہ نہیں ہے کوئی تودۂ خاک پھینکا ہوا!
اور سمندر سبھی۔۔۔۔۔
ایک دوجے سے جڑ کر ہوئے ایک جاں!
یوں سمندر تو کہنے کو ہیں کو سات۔۔۔۔۔
لیکن

خزانہ فقط ایک ہی
آب کا!
بے کراں بحر ہے سارے عالم پہ چھایا ہوا
یہ اسی وجہ سے کرۂ آب ہے! !

ہاں مگر یہ جو انسان ہے.....
کیا یہ چپ رہ سکے گا بھلا ؟
خاک کے چند ذروں کی خاطر
ہوس کا پجاری یہ انساں کبھی چپ رہا ؟
اس نے پاؤں کے نیچے کی مٹی کو
سمّان دے کے.....
اسے کرۂ ارض کا نام دے ہی دیا!
مادرِ آب یہ دیکھ کر مسکراتی رہی!
اور سوَچا
کہ اب دیکھنا ہی پڑے گا
غرور آدمی کا پھر اک مرتبہ! !
نالے وادی کے دامن میں

لہرا کے چلتے رہے
جیسے لہریں ہوں سنگیت کی !
اور کٹوروں سے چشموں کے.....
ندیوں نے لب تر کیے !
چال الھڑ سی ندیوں کی
پانی کو رستے نئے دے گئی !
سینکڑوں میل لہروں کے لمبے سفر نے
زمیں کے خد و خال سارے سنوارے !
ندی
کیا نظارہ نہیں ہے رواں فطرتِ وقت کا
اپنی گیلی حیات آفریں انگلیوں سے
اسی نے تو سینچا تمدن کی بنیاد کو !
سارے جغرافیائی حقائق کو
دھو دھا کے ظاہر کیا
اور فطرت کے سارے اصولوں کو
مفہوم کا اک اچھوتا لبادہ دیا ! !
یعنی

پانی ہے تہذیب.....
پانی..... عمل ایک تاریخ کا
حق تو یہ ہے کہ وجہِ ظہورِ حیات
آب ہے!!!

(...2...)

پیارے پیارے یہ بچے
جو جنمے سمندر کی ممتا بھری کوکھ سے.....
بدلیاں......!
آسمانوں کی پالی ہوئی
نیلی زلفوں کی یہ لڑکیاں......

بدلیاں !.....

مینھ کو جنم دے کر کیا

آپ خود کو فنا!

اور ماں باپ کو

ہجرِ اولاد کا دکھ دیا! !

بَدلیاں.....

مختصر زندگی پا کے بھی

کر گئیں روز افزوں حیات زمیں ! !!

اور ہر مرتبہ

کھو کے اولاد کو

جگمگاتا ہوا

یہ سمندر سدا حاملہ !

سطح کے آب کو

چسکیاں لے کے پیتی ہوئی

گرم سی نلکیاں !

"پھر سے واپس ملے گا مجھے"

مطمئن اور صابر سمندر سدا

ہے یہی سوچتا!
اور ندیاں اگر
کاہلی سے کبھی
دیر کر دیں بھی تو
"آ ہی جائیں گی آخر کبھی نہ کبھی"
سوچ کر
خود کو تسکین دیتا ہوا
یہ سمندر کہ جیسے "چلن یوگی" ہے!
یہ سمندر کہ کوئی بڑی نظم ہے
پانی، مٹی، ہوا.....
تانے بانے ہیں اشعار کے
اک مچلتا ہوا گیت ہیں
جس کی نس نس میں سنگیت ہے!
اور کبھی تاڑ کے پیڑ کی طرح موجیں
اگر جوش میں آ کے بڑھنے لگیں.....
اور بپھرے ہوئے اسپ بن جائیں
تو

باد کی تیز تلوار کے وار سے

طیش میں یہ سمندر بنے جنگجو!

یہ نہ سمجھو کہ "یہ تو محض ایک سیال ہے"

حد سے گزرے تو سب کچھ نگل جانے والا

ہلاکت کا طوفان ہے!

ہاں ...... مگر آپ خود میں سمندر

بصد صبر ماضی کو موجود سے جوڑ کر

سینے والی گرہستن بھی ہے ! ......

آب کے آئینے میں کبھی

بیتی یادوں کا نظارہ کرتا ہوا

اپنے باطن کے اسرار میں غرق

اچھلتی ہوئی چھاتیوں سے

سمندر کبھی سانس لیتا ہوا!!

پربتوں نے سمندر کو دیکھا

تو منھ اپنا چھوٹا کیا

اور جامد پڑے سوچتے سوچتے

دل میں آزردہ ہوتے رہے ...... !

"یہ ہمارا بھی کیا حال ہے ! "

مادرِ آب کا دل تو

رحم و کرم ہی کا مسکن سدا .....

بادلوں کو بلندی پہ اس نے روانہ کیا

اور بادل

بلندی پہ جامد چٹانوں کے سر سے لپٹتے ہوئے

ان کی پگڑی بنے ! !

ان کے بنجر بدن پر

اگا سبزۂ جانفرا ! .....

ہیں تو پتھر مگر

آخر ان کے بھی جذبات ہیں !

بادلوں کو گلے سے لگانا.....

خیالوں کی ہلکی پھواروں میں

کچھ بھیگنا.....

یہ تو پانی کی ہی دین ہے !

ہاں مگر.....

سرد جامد بدن کو جلن سی

انہیں دیکھ کر
جو تواتر سے حرکت میں ہیں !
پیار جب بن گیا ۔۔۔۔۔
جذبہ
رشک و حسد کا تو پھر ۔۔۔۔۔
بادلوں کے لئے
اک رکاوٹ سی بننے لگے کوہسار !
اور یوں
آپ خود سے برسنے کی ساری تمنا
بکھر سی گئی !
ہاں مگر
کیا یہ بادل یونہی چپ رہیں گے سدا !
جب سمجھ کر انہیں گالے روئی کے
کوئی حقارت سے دیکھے تو پھر
کر ہی ڈالیں قیامت سا طوفاں بپا !
گر یہ بادل غضب ناک ہو جائیں تو
کس کے ندیوں کے پیروں سے

لاتوں کی بارش کریں.....

سارے جامد پہاڑوں کو جڑ سے اکھاڑیں

انہیں تہہ و بالا کریں.....

اور غاروں کو بھی نیست و نابود کر کے

نشاں یوں مٹا دیں کہ پھر کچھ پتہ چل نہ پائے کبھی.....

ساحلوں کو نگل جائیں ایسے

کہ کوئی کنارہ نہ ہو !.....

زندگی بخش پانی بھی جاں لیوا بنتا ہے یوں !!

کر کے احساس اپنی خطاؤں کا

سر کو جھکاتے ہیں

شرمندگی سے

یہ جامد و ساکت پہاڑ !

اور پھر

آب کا دل ہے پانی سا دل.....

کیا کرے

بس اسی بات پر وہ پگھل جایا کرتا ہے.....

پھر.....

سارے نالے

پہاڑوں نے جو کوکھ سے اپنی پیدا کئے.....

سونپ دیتے ہیں ندیوں کے ہاتھوں انہیں !

پھر طلسمی ربن کی انوکھی کشش سے

یہ ندیاں سمندر کی آغوش میں !!!

ایک چکر ہے پانی کا

چلتا رہا جو سدا!

جانے وہ کون ہے

جو یہ چکر چلاتا رہا .... اور کون !

اک ستارہ عمل کا گواہ

ایک آتش فشاں آنکھ

سورج کی ہے! !!

(---3---)

ارتقائی تبدل تو ہے خاصیت زندگی کی
کہ تبدیلیاں پھر سے تبدیل ہوں
ہے یہی فطرت کائنات
اور پانی کہ دائم ہی حرکت میں ہے !
کیا بدل جائے گا
اس کی لاثانی تبدیلیوں کے کئی روپ ہیں
جن کا کوئی تقابل کسی سے نہیں
جانے کتنے ہی چہرے ہیں پانی کے
کتنی ہی شکلیں تراشے ہے وہ !
کینوس آسماں کا
جہاں خوبصورت سی تصویریں بنتی ہوئی

ساری پانی کی تصویریں ہیں
موت پانی کو آتی نہیں
وہ تو جیتا رہا
مختلف روپ میں
لو وہ دیکھو
کٹے پیر پانی کے تو
برف بن کے گرا
وہ جو آزاد تھا
وہ جو حرکت میں تھا
برف کے سخت تختوں کے اندر مقید ہوا
کون جانے رہائی اسے کب ملے
ہاں مگر
یہ جو پانی ہے
کب یہ مقیّد رہا
دوسروں کے لئے

استفادے کی خاطر ہی

اس نے یہ اوتار دھارن کیا

برف کتنی حسین !

جیسے ہلدی کی رنگت سے نا آشنا

یہ ہے سونا سفیدی لیے !

جیسے آکاش کی گھنگریالی لٹوں سے گرا

اجلا اجلا کوئی پھول ہو!! !

یا کڑی دھوپ سہنے کو اوڑھی ہو

یخ بستہ شفاف چادر کوئی مادر ارض نے

ایک ٹھنڈک سی سارے بدن میں سمو دے

یہ چکنا سا شیشہ کہ جس پر

پھسلنے کو مچلے ہے دل

لو وہ دیکھو

دریچوں پہ گرتی ہوئی برف

جھالر سی بننے لگی

خشک پیڑوں کے چہرے پہ موتی چھڑکنے لگی

اور یہ کیا!

لہو جم رہا ہے

رگ و پئے کو گویا لگاموں سے کستے ہوئے

کون کھینچے لیے جا رہا ہے بھلا؟

خالصیت کا یہ دوسرا روپ ہے

بے کراں اور ساکت سی چادر کے سائے میں

کیا ہے یہ ہر شئے کو پیروں تلے روندنا موت کا؟

کیسی بے جان سرگم ہے یہ

جان لیوا ہیں کتنے یہ بے رحم سے سانحے؟

ہاں

اگرچہ بڑی دلنشیں برف ہے

راگ خاموشیوں کا ہے بکھرا ہوا دور تک

دل کے تاروں کو جو چھیڑ دے

ہاں مگر

برف کو بھی تو آتا ہے غصہ کبھی

برف گرجے تو پھر اس زمیں کے پرخچے اڑیں

برف گرجے تو سارا توازن بکھرنے لگے

ہے اسی وجہ سے یہ دعا

شانت رہ برف دیوی ذرا

شانت رہ ماں ذرا

ماں تو سوجا

کہ تو عالم خواب میں کچھ زیادہ ہی سندر لگے

(...4...)

پانچ دھاتوں سے مل کر یہ عالم بنا

جیسے مٹھی میں ہوتی ہیں پانچ انگلیاں

کائنات ان سبھی کا ملن

یہ ملن سب کی بنیاد ہے

اس ملن کی بناوٹ تحیر زدہ

یہ بناوٹ نہیں دائمی

یہ سجاوٹ بھی قائم نہیں ہے سدا

ایک دوجے سے جڑ کر رہیں

یہ کسی کے لئے اتنا آساں نہیں

ایک دوجے سے جڑنا

الگ ہو کے آزاد رہنا

گوپی کی نظم نغمۂ آب   ترجمہ : رحمت یوسف زئی

دوبارہ ملن

پھر سے ملتے ہوئے

پھر سے خوش حال ہوتے ہوئے

پھر سے شانہ بہ شانہ سفر

یہ سفر بھی عجب ہے

کہ لمبے تپس کے صلے میں

نمو پانے والے توازن سے بھرپور

حرکت ہے یہ

ہاں مگر

ان عناصر کو آ جائے غصہ اگر

پھر تو غیض و غضب میں وہ عفریت بن جائیں گے

ان عناصر کو طیش آئے

تو یہ قیامت بپا کرنے والا کوئی راگ

یا صورِ اسرافیل بن جائیں گے

راگ ہو ختم تو ہو گی یکجائی پھر

توائے یکجائی لے

تجھ کو میرا سلام

یہ جو پانی ہے
پانی کی صورت میں رہتا نہیں
آگ بھی آگ کی طرح رہتی نہیں
اور ہوا کب کہاں کون سا روپ بدلے گی کس کو پتہ

آسماں
آنکھ کھولے ہوئے
بس خلاؤں میں ہے گھورتا
اور مٹی نے سب کچھ سہا
پانچ عناصر کا اک منبع مٹی ہی ہے
اور پھر
اس حیات آفرینی کے سارے عمل میں
بڑی اہمیت باد اور آب کی بھی تو ہے

یہ جو پانی ہے کیا صرف پانی ہی ہے

یہ وہ عنصر ہے جو
باقی احباب کے درمیاں
جیسے پُل
ابر کی آنکھ سے اشک
ٹپ ٹپ ٹپکتے ہوئے پھول
پانی کے ہیں
کوندتی بجلیاں
کھیلتی کودتی پھاندتی
برق دوشیزگاں
روشنی کے یہ لوندے جو گلیاروں کے بیچ سے گر رہے ہیں یہاں
آگ کی آب میں خفتگی ہے یہی
آگ ! اے آگ تم ہو

ابھی آب کے روپ میں
اور شعلوں کو اپنے بطن میں چھپائے ہوئے
آب اے آب
تم یوں بھی ممتا بھری ماں ہی ہو

یہ تجلی ہے تم میں اسی واسطے
آگ جب غیض کا روپ دھارن کرے
اور لٹیں کھول اپنی زبانیں نکالے ہوئے
رقص کرنے لگے
تو بنظر کرم
آگ کو سرد کرتے ہو تم
آگ سے دوستی کرنے والی ہوا
پھر سما جائے ہے آب میں

اے ہوا
مادر آب سے دوستی کے اس احسان پر
تم کو میرا سلام
اور زمیں کی طرف سے اس سفر کے لئے
نرم دل خنک جذبات کی روح
سواگت تمہارا یہاں
اس زمیں کی کرائے جو زچگی وہ پانی ہی ہے
کانپتے دل کو مضبوط کرتے ہوئے

گوپی کی نظم نغمۂ آب

ترجمہ : رحمت یوسف زئی

جامہ مٹی کا پہنا دیا پاؤں کو آب نے

برف کے کوہ ہوں یا کہ مضبوط پتھر
سبھی
منجمد خواب ہیں آب کے
آسماں سے اچھلتا ہوا آنے والا یہ پانی
فلک کو بھی ساتھ اپنے لایا ہے کیا
نا۔۔۔ نا۔۔۔ بالکل نہیں
وہ تو لایا ہے امرت کلس
وہ تو لایا پٹارا دواؤں کا ساتھ اپنے
اور مدعا۔۔۔ بس گناہوں سے تطہیر ہے
کیا گنہ جسم کی ہے خطا؟
دل کو اپنی پھواروں سے
پاکی عطا کرنے والا یہ پانی
ہے نادیدہ اک دیوتا
آدمی کی جو فطرت ہے
کیا پانچ دھاتوں سے اس کا تعلق ہے

چھ برائی کے اعمال

دیدہ و نادیدہ اعمال کا

ایک صدر رنگ کرتب ہے یہ

روح تو

بے کراں سی ہواؤں میں

تحلیل ہوتی نہیں

زندگی کا عمل !

آسماں ہی میں ملتا ہے موقع اسے

پانچ عناصر وہاں

اس میں جاں پھونکتے ہیں

مگر

آسمانی سفر کے لئے

ہے وسیلہ فقط آب ہی

قوت لایموت اس کو ملتی ہے جب

دل میں بادل کے پاتا ہے اپنا مقام

اور پھر

جیسے بادل کو تھامے ہلائے کوئی

گرنے لگتی ہیں بوندیں ٹپاٹپ
زمیں کھول کر دہن اپنا انہیں دیکھتی ہے
انہیں تھام لیتی ہے
اور پھر
جو اپج ہے زمیں کی
وہ سارے بدن میں سمو جائے ہے
جذب ہو جائے ہے
بیج کے گنگناتے حروف تہجی سے
اس کے بدن میں مدھر
اور شاداب گیتوں
کا سنگیت سا پھیل جاتا ہے
اور آسماں پر قیام عارضی کرنے والا
یہ جاں بخش پانی

خوشی سے تھرکتا ہوا
اس زمیں پر دوبارہ پہنچتا ہے
اک مطمئن سانس لیتا ہے وہ

رزق دیتے ہوئے ہاتھ کو دیکھ کر

(---5---)

روشنی اور تپش کا شہنشاہ

سورج..... !

وہی ہے وہی ہے .....

وہی تو ہے خود سارا عالم

مگر چشمِ انسان

اسے تھام سکتی نہیں

سارے عالم میں ہے لائقِ صد ستائش ستارہ یہی !

اپنے اطراف سیارگاں کو

جو گردش میں رکھتا ہے یوں

جیسے سب اس کے قیدی ہوں

اور آنکھ سے گر کے ان قیدیوں کی

بخارات بنتے رہے
اس خلا میں سمندر کئی
بے حد و انتہا
اور گالوں پہ آنسو کی
سوکھی لکیریں ندی کے نشاں !

یوں تو انسان سورج سے کچھ چھیڑ کرتا نہیں
ہاں مگر
جستجو میں ہے مصروف وہ.....
آب کی انگلیوں کے نشانوں کی خاطر
کرے جستجو دوربینی نگاہوں سے سیارگاں میں .....

عطارد کہ سورج کا خادم ہے، ہم راز ہے
اپنے آقا سے پہلے ہی وہ جاگ جاتا ہے
لیکن بھلا فائدہ کیا ؟
کہ اس کرۂ آتشیں سے تو پانی ملے گا نہیں !
شکر جو ہے مہا رشی کی اولاد

اس کو پتہ ہی نہیں سکھ ہے کیا !.....

پیار کی دیوی وینس کا نام
اس نے اپنا لیا

اور بادل کے گھونگھٹ میں جا کر چھپا
علم سنجیونی کا اسے ہے مگر
آب کو زندگی دے نہ پایا کبھی..... !

برف کے تاج سے گر کے لڑھکا، لڑھکتا ہوا
سرخ رنگت کا پتھر یہ مریخ ہے.....
جسم پر اپنے
بادل کے زیور سجائے ہوئے ہے مگر
آب کے گوہرِ بیش قیمت کا حامل نہیں.....!

اور یہ مشتری
مہرِ ثانی کہیں بھی تو کیا

گوپی کی نظم نغمۂ آب

ترجمہ : رحمت یوسف زئی

ہے لحیم و شحیم
اس میں لیکن نہیں اک ذرا سی نمی......!
کھوجتی کھوجتی سارا عالم
نگاہیں زمیں پر پہنچ کر رکیں، تھم گئیں
لو وہ دیکھو

وہ ماں

دھرتی ماں!
جس کے اطراف ہے
جگمگاتے ہوئے موسموں کا حصار!......

اجلے اجلے کئی بادلوں میں گھری
نیلے نیلے سمندر کی حامل زمیں
برف کے بیش قیمت جواہر سے
آراستہ

اک جواں مرد سورج کا بازیچہ ہے یہ زمیں

گوپی کی نظم نغمۂ آب

ترجمہ : رحمت یوسف زئی

اس کے لا انتہا حسن کا
جیسے پردہ زمیں !
آگ اگلتے لبوں کو بھگوتی ہوئی
رحم دل یہ زمیں !
سارے افلاک میں
گھومتا
اپنے سر کو جھکا کے
زمیں کو
کرے ہے سلام آدمی !!

(۔۔۔6۔۔۔)

دیکھو پانی کی

آنکھیں ہیں دو

اک نظر منجمد

اک نظر بھاپ

بن جائے ہے۔۔۔۔۔!

ہو نظر کوئی بھی

ایک لمحے میں وہ آگ بن جائے ہے۔۔۔۔۔!

آب کو آگ میں ڈھالتی یہ ہوا

بے خطر گھومتی یہ ہوا

اور ایسی نہ جانے ہیں کتنی ہی تبدیلیاں!۔۔۔۔۔

یہ نہیں ہے کہ تبدیلیوں میں

اہم کونسی ہے مگر

مستقل دخل ان سب میں ہے

آب کا

اور یہی عظمتِ آب ہے ۔۔۔۔۔

جانداروں کا

سرمایۂ دائمی ۔۔۔۔۔۔ !

یہ ہے پانی کہ جس کے سبب

کرۂ ارض پر

اس قدر حسن ہے !

یا یہ کہیے کہ ہے حسن سے بھی سوا

بے کراں !

اور بادل

صنم بادکے ہیں تراشے ہوئے آب سے

بادلوں کے لبوں پر شفق پھولتی

اور فطرت کو حسن اور بھی بخشتی مسکراہٹ

فرشتہ صفت ۔۔۔۔۔ !

چاند سے اس سمندر کا رشتہ اگر خون کا ہے تو ہو ۔۔۔۔۔

ایسی بے آب سطحِ قمر پر تو پیر اپنے

دھرنے کو جی ہی نہیں چاہتا

خنک ٹھنڈی ہوائیں جہاں جسم چھوتی نہیں

گرم راتیں پگھلتی نہیں

اور ساحل سمندر کے باہر ابھرتے نہیں

چندا ماما کا

زمین سے اگر ہے

تو کیا اس جنم میں وہ کافی نہیں......!

سر جھکائے چھلانگیں لگاتے ہوئے آبشار

اور وادی کو چھو چھو کے

پھنکارتے یہ نظارے حسیں......

نیا گرہ کے بنا تو

نئے اک جہاں کا تصور بھی مشکل لگے......!

ذرے ذرے میں اپنے

عجب سی بناوٹ لیے

سارے سنسار کو اک توازن عطا کرنے والا

پراسرار پانی

سبھی راز پر تو میں اپنی چھپائے ہوئے.....

اور ہر راز کو کھوجنے والے انسان کو

خود نگر کرنے والا یہ پانی.....

بنی نوعِ انساں کو درکار ہے!

کائنات آب کے پاؤں پر ہے رواں!!

(---7---)

بوند کے دل کی کیفیتوں کا پتہ ہے کسے ..... !
ارض منزل ہمیشہ رہی بوند کی
کون ناپے بھلا اس کی رفتار کو ..... !
دونوں ہاتھوں کو اپنے ملائے ہوئے
آب اور باد کے جھولنے
اور ہلکورے لینے کے دل چست سے کھیل میں
بوند کو کوئی فرصت کہاں ...... !
یہ مگر حوصلہ بوند کا ہے
کہ بادل کے آنچل سے نیچے
لگا دی چھلانگ ......
اور جب بے کراں بحر سے جا ملی
اس کی پہچان گم ہو گئی ......
ہاں مگر جب صدف میں گری تو وجود اس کا باقی رہا ! .....
جب گرے بوند جنگل میں تو
ختم ہوتی نہیں

پھر سے اگتی ہے انکور بن کے !......
کبھی بوند کو موت آتی نہیں
وہ تو بس
گیت کے ایک نئے بند میں
ایک نئی لَے میں
ڈھلتی رہی ہے سدا......!

آب بھی گیت گاتا ہے
یہ بات کہنا
ضروری نہیں......!
آب بھی رقص کرتا ہے
اب اس وضاحت کی کوئی ضرورت نہیں......!
آب تو ہے ہزاروں ہی تانوں کا سنگیت
جس کی نہیں ہے حد و انتہا......!
آب
مخزن ہے آواز کا......
جس کا سارا بدن پاؤں کا روپ دھارن کئے

رقص کرتے ہوئے

جل پری کے حسیں رقص کے بھاؤ دکھلائے ہے!
اس کی نازک ادائیں گرفتِ نظر میں کہاں آ سکی ہیں بھلا
اک گلوکار کی تال پر ناچنے والی رقاصہ پانی نہیں.....
طائفہ میں ادائیں دکھائی ہوئی نائکہ بھی نہیں .....
ایک ہی وقت میں
نغمے گاتی ہوئی رقص کرتی ہوئی مورنی
آب ہے !.....
زندہ جاوید تانوں سے معمور
یہ نغمہ ءآب ہے..... !
لمحہ لمحہ بدلتا رویہ
یہی آب کا رقص ہے..... !

پودے کتنی اذیت اٹھاتے ہیں
جب چیر کر سخت مٹی کو باہر نکلتے ہیں
پھر تن کے آخر کھڑے ہو ہی جاتے ہیں وہ

اور گلوں کو سر اپنا اٹھا کر
نظر ڈالنے کے لئے آسرا آب ہی کا تو ہے !
اس زمیں کی تہوں میں
کسی لاش کی طرح
پانی کبھی ٹھہر سکتا نہیں
وہ جہاں بھی ہو
بہنا تو ہے فطرت دائمی..... !
ہر رکاوٹ کو وہ چیر کر
روپ ندیوں کا دھارن کیے دوڑتا ہی رہا..... !

ہے یہ پانی کی خصلت
نہ رکنا کبھی
سارے کون و مکاں کو جو قائم کرے
ہاں .....یہ خصلت ہے سرمایۂ آب ہے..... !
اس گراں قدر سرمائے سے
کیا تعلق ہے انسان کا ؟
کب سے ہے ؟

اس کی وقعت ہے کیا ؟

کیا فقط پیاس کو ہی بجھانے کا مائع ہے یہ ؟

کیا فقط جسم کو صاف کرتی پھواریں ہیں یہ ؟

پانچ عناصر کے ملنے میں

پانی کا حصہ ہے کیا ؟

آدمی کی حیاتِ زمینی میں ہے

آب کا طول کیا ؟

آب کا عرض کیا ؟

اس کی گہرائی کیا ؟

دیدنی ظلمتوں سے سوا

جو سنائی نہ دیں

وہ صدائیں ہیں کتنی بھلا ؟

آب اے آب ..... !

شش برگ پھول .....

ایٹمی سالمے .....

جسم آدم میں ہر دم رواں

اے لہو کے کنول .....

تم ہی اپنی مثال آپ ہو
ہم کو معلوم ہے کس قدر
کچھ نہیں!!......

(ـــ8ـــ)

دو عناصر سے مل کر بنا آب
کتنا بڑا کیمیائی عمل ......!
پھر یہ آنسو!؟
یہ کس دل سے
کس حرکت باطنی کے نتیجے میں
کس جذبے
یا کون سے تہہ بہ تہہ گیلے کپڑوں سے جیسے نچوڑا ہوا
اک عجب سا عرق
کون سی الجھنوں کے کناروں سے
لہروں کی صورت چھلکتا ہوا ......

بوند بن کر تلاش اپنی راہوں کو کرتا ہوا
کوئی سیلاب ہے

گر سمندر کو پلکوں میں کر دیں مقید تو
یہ آنسوؤں میں ڈھلے..... !
بہتی ندیوں کو تہہ کر دیا جائے
تو آنسوؤں کی
لڑی بن کے ہلکورے لینے لگیں !.....
چشم کو
چشمۂ دائمی میں بدلتا ہے جو
نیم گرم ایسے دریا کی بنیاد کیا اور کہاں ؟

آب اے آب
تم نے دیا آنسوؤں کو جنم
یہ بہت خوب ہے !
آنسوؤں کی وضاحت کرو سائنس دانو ذرا.....
کتنے ایٹم ہیں اور

کس تناسب میں ہیں .....؟

یہ پروٹون الکٹرون ہیں کون سے

کن مداروں میں یہ گھومتے ہیں ؟ ..... کہو

کون سی ہے تپش جس سے پیدا ہوئے ہیں

یہ نادیدہ بادل ؟ ..... کہو !

یہ برستے کہاں ہیں

جو نالے یہاں بہہ گئے !.....

درد و غم سے بھرے

کتنے برسوں کی صورت

سفر کرنے والے

چھلانگیں لگاتے ہوئے آبشار !

آنسوؤں کو کبھی تجربہ گاہ میں

بھیج کر تجزیہ تو کرو !.....

گر نہ ہو آب

تو پھر یہ آنسو ہی ساتھی بنیں

اور

آنسو بھی گر سوکھ جائیں تو پھر !..... ؟

اور ہاں.....

یہ جو بوندیں پسینے کی ہیں

یہ ہزاروں ہی جھرنوں کا سارے بدن کو

ابھیشیک کرنا ..... یہ کیا ہے کہو!

دھوپ میں ہے پسینے کی برکھا

ہوا کم کرے گر تپش کو تو یہ ٹھیک ہے

ہاں مگر

کوکھ سے محنتوں کی جو پیدا ہوا

بحر اعظم نمک کا

علامت ہے کس بہتی قوت کی

یہ تو کہو..... !

سائنس دانو.....

وضاحت کرو.....

اس کی تشریح گہرائی سے کچھ کرو!

ہاں ..... یہ پانی

کئی روپ دھارن کرے.....

جب پسینہ نہ ہاتھ آسکے تو

وہ آنسو میں تبدیل ہو جائے گا..... !

دکھ بہت ہی زیادہ اگر ہو تو

طوفانِ گرداب

بن جائے گا..... !

تو اے لوگو سنو

ایٹموں کی جو تعداد ہے اس میں شاید اضافہ ہوا ہے

ذرا گن کے دیکھو

عناصر کے باطن میں پوشیدہ

مفہوم کو کچھ سمجھنے کی کوشش کرو!!.....

(ـــ9ـــ)

پانی مرشد ہے، استاد دانا ہے
جو روح کو بھی عطا کر دے پاکیزگی !......
آب کی تاب کو نشر کرتی ہوئی
گونگی بے لفظ سی گنگناہٹ
کہ جو دل کی گہرائیوں تک پہنچتی ہوئی
حلق سے اک سبک رو سی جیون کی دھارا اترتی ہوئی
یوں کہ سارے دیے جل اٹھیں روح کے......!

کیا یہ پانی ہے عنصر کوئی دیدنی
یا فقط گنگناہٹ سے بنتی ہوئی ایک بولی کوئی......

دیدنی تو ہے لیکن نہ ہو پائے جس کا بیاں

آب ایسے عجب حسن کی ہے تجلی کہ بس!......
آب ہے دو دلوں کے ملن اور یاری کے صندل کی خوشبو
سدا سے ہی ہے یہ استعارہ ہے جذبات کا......!
اک رسیلا سا بندھن
کہ جس طرح شادی میں
دو ہاتھ اک دوسرے کو چھوئیں
انگلیاں انگلیوں سے ملیں
اور بن جائیں آپس میں وابستگی کا ایک نیا رشتہ لئے......!
آب کو علم ہے اپنی گہرائی کا
آزمودہ حقیقت ہے یہ!......
پانی پر واز کرتا ہے اونچائی پر
یہ بھی فطرت کا ہے اک اصول......!
اور پھر رسیوں سی جڑیں تھام کر
دور اوپر پہنچنا، وہاں پیاسے پتوں، پھلوں کو
شکم سیر کرنا بھی تو

آب کا اک اہم کام ہے !.....
گود اس کی ہے نم
گود میں اس کے احساس کا ڈھیر ہے
اس نمی کی ردا اوڑھ لے گر کوئی
دھوپ کا دل بھی کچھ نرم ہونے لگے !.....

علم ہے آب کو جانے کتنی زبانوں کا!
کون و مکاں میں
صداؤں کے عالم
جو آباد ہیں.....
آب ہی کے دہن میں وہ پوشیدہ ہیں
آب کے راز کو کھولنا کس سے ممکن ہوا ؟
ہے بظاہر تو ساکت مگر
ایک لمحہ قدم اپنے روکے بنا
سیرِ عالم سے لوٹا تو چشمے کی باہوں میں آ کر رکا
اور خوابیدہ ایسے ہے جیسے اسے کچھ پتہ ہی نہیں
جانے کیوں

تنگ سے راستوں سے گزرتے ہوئے
جسم زخمی ہوا .....
زخم اس نے بھلا
مندمل کس طرح کر لیے ؟
آگ نے اس کو چرکے لگائے
تو چھالوں پہ مرہم
یہ کس نے رکھا؟
اس کو پتھر سے ماریں تو
اک دائرہ دار مسکان دیتا رہا..... !
صبر اس کو کہاں سے ملا؟
حلق میں نَے کو آواز کی
چھو کے اک خرخراہٹ سی پیدا کرے
راز اس کا ہے کیا؟

جو بنا زخم پیدا کئے سنگ کو عمدگی سے تراشے ہے
وہ نرم تیشہ بھلا کب کا ہے ؟
چند اشیاء کو خود میں ڈبوتے ہوئے

کچھ کو ایسے اُچھالے کہ وہ سطح پر ہی رہیں.....
منصفی کے عجب یہ اصول
اس نے سیکھے کہاں سے بھلا؟
ایک سیال کی شکل میں رونما ہو کے
او جھل وہ ہوتا ہے کیسے ہوا کی طرح؟
کام روپ اس عجب علم کا ہے گر و کون آخر بھلا؟
جو وجود آدمی کا بھی کر دے عیاں.....
کیسی قوت ہے یہ!؟
حق اور انسان کے دل کے جذبات کے درمیاں
آب کا خلق کردہ جو پردہ ہے
وہ کب اٹھے گا بھلا؟
آب اے آب.....
تم آج بھی ایک ناقابلِ فہم اسرار کا
ہو پٹارا کوئی.....!
روز کھلتے ہوئے نت نئے نو بہ نو
گل سے معمور اک گلستاں!!

(۔۔۔10۔۔۔)

اے گھڑے اے گھڑے!!
تیری مٹی کو تحفہ نمی کا دیا آب نے
منھ کو کھولے ہوئے بیکراں ان خلاؤں پہ
خنکی سی چھانے لگی
گر ہو روٹی بنانا تو اس کے لئے بھی تو
آٹے میں پانی ہی درکار ہے!۔۔۔۔۔
آدمی اور پانی کا اک خاص رشتہ
کوئی آج کا تو نہیں!
بستیوں کو بسا کر
تمدن کو آگے بڑھاتے ہوئے
تاجرانہ مہارت کی تکمیل میں
کس قدر آب تقسیم ہوتا رہا۔۔۔۔۔
کس نے رکھا حساب!

اور پھر تیرتھ کے مرکزوں
کنبھ کے اور مہا کنبھ کے میلے ٹھیلوں میں
ندیوں کے دھاگے
ملاتے رہے ایک دوجے سے انسان کو
بلکہ انسان کیا .....
یہ چرندے پرندے
سبھی جاندار
آب کی وجہ سے ہی تو ہیں .....!
دور سابیریا سے یہاں
جھیل کولّیرو ہر سال آتے یہ بگلے .....
انہیں بھی تو پانی ہی سے ربط ہے !

تہہ بہ تہہ نرم مٹی کی کھولیں
تو جس طرح گہرائی بڑھتی ہے
ویسے ہی انساں ترقی کی راہوں پہ بڑھتا رہا ! .....
آب کے جو ذخیرے ہیں وہ اس کی امید ہیں

اور انسان کے جنم کی بھی تو بنیاد ہے آب ہی

نو مہینے

وہ غوطے لگاتا رہا

کوکھ کے آب میں ......!

آب اک عالمِ فکر ہے

لا فنا اور نرالا

ہے یہ عنصرِ زندگی !......

نظم ہے آدمی کی حیات

اور آب اس کا مفہوم ہے ......!

آب ہی نے تراشے ہیں غار

اور غاروں میں خوابوں کو

انسان نے ایک تصویر کی شکل دی !......

بے حد و انتہا کائناتِ عظیم ......

اس پہ چھوڑا اثر

برق دوشیزگاں نے

تو یہ آب کا فیض ہے ......!

ساری تہذیب ندیوں کے ساحل پہ پھولی پھلی ......

والمیکی نے سریوندی کے ہی کینوس پہ

رامائن.....

ایک عظمتوں سے بھرے رزمیہ کو مصور کیا .....

نقش جس کے نہ دھندلا سکیں گے کبھی !

کالی داس.....

اس نے اٹھکیلیاں کرتے بادل سمیٹے

انہیں نظم کی شکل دی.....

''میگھ دوت''

ایک پیغام بر بادلوں کا

جو ندیوں کے آنچل کو اوڑھے ہوئے

کوہساروں پہ ڈالے نظر تو دل اس کا مچل جائے ہے !

اور گوداوری پر کہر کی جمی ایک ہلکی سی تہہ .....

جیسے ننّیا کا خوبصورت سا اسلوب ہو.....

جو سحر کی تجلّی کو چھوتا ہوا

صاف و شفاف ہوتا رہا !.....

الاّسانی کی نظمیں

ہمالائی تخلیق کے آبشار.....

آج تک جو برستے ہیں
تلگو کے شعر و سخن کی فلک بوس چوٹی پہ !.....
اور پوتنا کی مدھر شاعری کے بہاؤ نے
تالاب کو بھی
سکھایا ہے بہنے کا فن..... !
عنصرِ شاعری کے نئے تانے بانے
بُنے ویمنا نے !.....
پانی تو انسانی تخئیل کی عظمتوں کی
حدوں سے پرے..... !
آب کے اندرونی مفاہیم کو دیکھنا
اندرونی مفاہیم کو دیکھنا اتنا آساں ہے کیا؟
کائناتی عمل اور ردِ عمل کا
تسلسل ہی ہے آدمی کی تپسیّا کا پھل !.....

خاکی آنکھوں کو
دکھلائی دیتے ہوئے منظروں کا
یہ اک ہار ہے !

آب پر گر چھڑی ماریئے.....
وہ بکھرتا تو ہے
پھر سے فوراً ہی
جڑتا بھی ہے اک عجب
حیرت انگیز انداز سے !.....
لوگ
دل سے نمسکار کرتے ہیں جب آب کو
تو پراسرار انجانی جگہوں سے جھرنے
ابلتے ہیں اور
ریگزاروں میں اندر بہت دور
نخلستاں کھلتا ہے
جیسے کمل..... !
ابنِ آدم کی علمی اپج کے لئے
کون سی بجلیوں کی چمک
بن گئی ہے سبب ..... ؟
اور پھر یہ بھی ہے کہ ہزاروں ہی میلوں کے لمبے سفر میں
بھلا کتنا پانی بچے گا !.....

یہی زندگی ہے.....
یہی سچ کی پہچان بھی!

کوئی کچھ بھی کہے
پانی سنتا نہیں
پھر بھی اپنے پڑوسی عناصر کے ہاتھوں میں
وہ ہاتھ ڈالے ہوئے
چلنے والا ہے مونس۔
سبھی جانداروں کی سب سے اہم جو ضرورت ہے
پانی ہی ہے
پھر بھی اس آب کی دوسری
جتنی شکلیں ہیں
ہم کہہ تو سکتے نہیں رائیگاں
کیونکہ یہ تو
لگاتار کی جانے والی تپسّیا کا انجام ہے
آب تو زندگی بخشنے والی چھوٹی کٹوری ہے
اور آب سے عشق کرنا تو

خود زندگی سے محبت کے مصداق ہے۔

اے بنی نوع انساں

سمجھ لے

کہ پانی کا مطلب سمجھنا تو خود کو سمجھنا ہی ہے!

(---11---)

آج ندیاں ہیں گریہ کناں

اور پرت در پرت کرب سے ہیں بلکتی ہوئی

کیا نہیں جانتے ہم کہ دل آب کا

کتنا سادا و شفاف ہے

اپنے اندر وہ سب کچھ ہی تحلیل کرتا ہے

پانی کا دل اتنا شفاف ہے

کہ چھو لیتا ہے آر پار اپنے

کرنوں کو وہ

اور بدن آب کا ہے گداز اس قدر

لمس سے اس کے

گوپی کی نظم نغمۂ آب 67 ترجمہ : رحمت یوسف زئی

احساس کے تار سب جھنجھنانے لگیں

پاک احساس ہے آب
جو رنگ و بو سے ہمیشہ رہا بے نیاز
اس بڑے کرۂ ارض کو وہ
جھُلاتا رہا اپنی لہروں کے جھولے میں
لیکن جو انسان ہے
آج کل بلبلاتا ہوا رو رہا ہے یہاں

آدمی
مختصر سی زمیں پر بسا آدمی
آب کے سارے پوشیدہ اسرار کو
جاننے کا تجسّس لیے
ارتقاء کی نئی منزلوں کی طرف گامزن آدمی
آب کی چھاتیوں سے
مسلسل وہ سر اپنا ٹکرا رہا ہے سدا۔
خطۂ آب پر اس نے

جال اپنا پھیلا دیا ......

بادلوں کے تھنوں سے

برستے ہوئے دودھ میں

زہر گھولا گیا ......

جتنے نالے تھے

زہریلے ہوتے گئے

اور ندیوں کے نازک بدن پر

رسولی ابھرنے لگی ۔

چیخ و چنگھاڑ میں بحر کی سسکیوں کی صدائیں ملیں

جن کناروں پہ پیدا ہوا تھا کبھی علم

ان پر معیشت نے پھن اپنا پھیلا دیا۔

اس معیشت کی لا انتہا پیاس نے

آب کی جاں کی لی ہے بلی

یہ صدی کیا ہے

آلودگی کی صدی!

صارفیت کا سیلاب بڑھتا ہوا

ہے اس آلودگی کا بس اک سنگ میل!

اور یہ پتھر

ہے اعلان کس بات کا!

یہ علامت ہے کیسی ترقی کی!

پانی کی بدبو سے آلودہ کرتی ترقی کی!

پانی کو بدرنگ کرتی ترقی کی!

پانی کو پیاسے لبوں سے بہت دور کرتی ترقی کی!

بہتے ہوئے صاف و شفاف انمول پانی کی دنیا کو

اک کھردرا موٹا ملبوس پہنانے والی ترقی کی!

کیسی ترقی ہے یہ!

حسن کا ذکر کیا

سارے کون و مکاں میں

جو پھیلا ہوا تھا مدھر اور سندر سا سنگیت

اس کو کرے بے سرایہ ترقی!

یہی اس ترقی کی بے ڈھنگی رفتار ہے

تو بھلا کیا یہی ہے ترقی......!

نہیں کچھ پتہ !

موسم گل میں منحوس الو کی چیخیں
ابھرتی رہیں
آبی دنیا کے باسی تو ہیں دوست انسان کے
یہ وہ ماہر ہیں جو
کائناتی نظامِ عمل کی مشینیں چلاتے ہیں
اک خاص انداز سے
یہ مگر کیسا بحران ہے
عالم آب میں
تیرتی مچھلیاں لاش بننے لگیں۔
اور کلیور کے بن کے
مہاجر پرندے بھی
بے خانماں ہو گئے۔
مردہ کچھووں کے خول .....
آرٹ کا اک نمونہ بنا کر انہیں بیچ ڈالا گیا
درد دے کر سمندر کو ممتا کا

جشنِ مسرت منایا گیا!

گنگا جمنا برہم پتر

کی عظمتیں اور تقدس

کلش میں سموئے گئے !

لو وہ دیکھو لہو کی لکیریں ابھرنے سے پہلے ہی

ڈل جھیل میں چپکے چپکے سے

ہلکورے لیتی ہوئی چند خود غرضیاں.....!

حیدرآباد کی جھیل کے بیچ

بدھا کے ہونٹوں پہ بکھرا تبسم بھی پھیکا ہوا!

یہ صدی تو ہے آلودگی کی صدی!

آب کو زہر سے ڈستی ہوئی یہ صدی!!

(---12---)

آسمانوں کا دل ریگزاروں میں کیوں ڈھل گیا
روپ بادل کا دھارے ہوئے آسماں
اپنے وعدے سے کیوں کر مکرنے لگے
بے وفا بدلیاں
کوہساؤں کے پستان پر کی انھوں نے سواری مگر
ذمہ داری کو اپنی فراموش ہی کر دیا
دیکھو
پانی کہیں اور کہیں پیاس ہے
صرف اک چلو بھر آب کے واسطے
کر کے کتنے ہی میلوں کا لمبا سفر
لوگ پانی کے کچھ بلبلے ڈھو رہے ہیں
مری جان آہستہ چل
یوں نہ ہو کہ یہ پانی چھلک جائے ۔

اک بوند بھی کم ہوئی تو ہے مشکل بڑی ۔

ہے کسان آسماں پر نگاہیں جمائے ہوئے

تجربہ اور پنچانگ کے ماسوا

اور وہ کچھ نہیں جانتا ۔

یہ ہون کا دھواں

کیا یہ پانی کے بادل کی تخلیق کر پائے گا ؟

بچے جلتی ہوئی مینڈ کی دیکھ کر

دل میں بادل کے کیوں رحم آتا نہیں .....؟

کیا زمیں میں نہیں کوئی قوت کشش کی

کہ بادل کو اپنی طرف کھینچ لے ..... ؟

یہ تھرکتی ہوئی بدلیاں

کس کے آنچل کو باندھے ہوئے

گھومتی پھر رہی ہیں نہ جانے کہاں !

خشک کھیتوں کی تڑخی زمیں

سلوٹیں ہوں تفکر کی

جیسے کسانوں کی پیشانیوں پر جمی ۔

بیل لاغر نحیف و نزار .....

ان کے جسموں پہ منڈلا رہے کچھ گِدھوں کا یہ منظر نیا
ہے پرانا بہت۔
یہ تو صدیوں سے ہوتا رہا
مردہ جسموں کے لالچ سے بچنا
بہت ہی کٹھن ہے گدھوں کے لئے۔
اور کیکر کے اشجار کے بیچ گلیاروں سے
ڈوبتے سرخ سورج کی جلتی چتا کا نظارہ
بہت ہی پرانا یہ منظر.....
جسے دیکھ کر آتشِ غم دلوں میں سلگنے لگی
اور اوپر سے پانی مدد کو نہ پہنچے تو
دھرتی کا سینہ ٹٹولے بنا کوئی چارہ نہیں ہے۔
مگر جیسے انسانی رشتوں میں ہوتا ہے.....
رحمِ زمیں کے دروں
آب ناپاک ہوتا رہا۔
جس طرف دیکھئے ہے کمی آب کی
قلّتِ آب سے تنگ ہو کر مہاجر کہاں جائینگے؟
ایک بے آب خطے سے

اک اور بے آب خطّے تلک کا سفر
کس قدر ہے اذیت طلب
اپنی مٹی سے آنول کا رشتہ
ہے کمزوری انسان کی ۔
سینہ دھرتی کا چیریں
تو پانی نہیں بلکہ
انسانی پنجر نکل آئیں گے ۔
یہ جو آثار کہنہ کے ماہر ہیں .....
نوری برس کی طرح
کیا شمارِ مہ وسال کر پائیں گے
آب کے قحط کے !

یہ جو نورس ہیں
یہ بھی تو پانی ہیں
لیکن ویبھت رس
بھلا آب ہے کس طرح کا کہو !
پھاوڑے اور کدالیں لیے

توڑ کر منجمد خون کے بندھنوں کو
سفر پر نکلتا ہے جب آدمی.....
ریگزاروں میں سر سبز
خوابوں کا اس کو نظارہ
دکھائی نہ دے
تو قدم آگے بڑھتے نہیں
اور مسافر نہیں جانتا
کہ زمیں پر تو بستے ہیں خود غرضیوں کے مہیب آکٹوپس۔
نہیں ہے اگر آب
تو زندگی ایک جنگِ مسلسل کی صورت
ہراساں کرے
اور اس جنگ کو دیکھتی
لطف اندوز ہوتی ہوئی
تخت شاہی پہ بیٹھی ہوئی قوتیں۔
مادر ارض لیٹی ہوئی بستر مرگ پر
آخری سانسیں گنتی ہوئی
گھاس تک بھی تو اگتی نہیں اس زمیں پر

تو کاغذ پہ پھر نظم کیسے اُگے!
آب! اے آب!
اب تو قلم آگے بڑھتا نہیں!!

(---13---)

زیست کرتے ہیں جو ریگزاروں میں
معلوم ہے قدر و قیمت انہیں آب کی۔
پیاس سے خشک ہوتے بدن
جانتے ہیں کہ پانی کی قیمت ہے کیا۔
اور پھیلی ہوئی ظلمتوں میں
چھپا سبز و شاداب خطہ زمیں کا.....
یہی صبح ہے ۔
ریت میں بھاری بوجھل قدم
حوصلہ زندگی کا لیے.....
اک تپسّیا ہی ہے ۔

تیرنے کے لئے بے کراں ریگزاروں میں ہے
اک جہاز
اور سایہ کھجوروں کے پیڑوں کا.....
کیا یہ بھلا کوئی سایہ ہے ؟
بے آب پن.....
جس سے جھلسے ہے سارا بدن
روح کو چوس لیتا ہے بے آب پن
کوئی چاہے ہو کتنا عظیم
اس کو مسمار کر ڈالتا ہے یہ بے آب پن
جنگجوؤں کو بھی جنم دیتا ہے بے آب پن
اور بے رحم کرتا ہے بے آب پن
جو سہارا بنا تھا، اسی کو نگلتا ہے بے آب پن
آب ! اے آب
اتنا بھی بے رحم ہونا تو اچھا نہیں !
موت کا بیج لے کر
سرابوں کی مایوسیوں میں گھرے راہ رو کو
تو جلوہ دکھا

پران داتا ذرا!!

(ــــ14ــــ)

دوستی آب اور باد کی آج کی تو نہیں
فطرتاً آب جنگ جو نہیں
چوک ہو جائے کوئی کہیں پر ذرا سی
تو پھر انتہائے جلال و غضب میں
ہوا آب کے دوش پر
بن کے راکب
اجل کی سواری کرے ۔
چاہے ہو یہ کسی کی بھی سازش

سمندر میں آتش فشاں پھٹ پڑے
تب تو ہاتھ اس میں شاید قمر کا بھی ہو
ایک چھوٹی سی سازش ہوا کی
کچھ ایسی چلی
جس پہ قابو کسی کا نہ تھا۔

صبح کو دل لبھاتی ہوئی
ہلکی ہلکی جھڑی
آئی ہاتھوں میں جب باد کے
دوپہر تک بنی زلفِ پانچالی
پھر شام ڈھلتے
غضب ناک ہونے لگی
اک بھیانک پرلئے ناد میں ڈھل گئی!
شب کی بے انتہا ظُلمتیں
کیا اندھیرے کی تسخیر ممکن نہیں!
لمحہ لمحہ ہوا جیسے دہشت مچاتی
گرجتی رہی

چیختی اور چنگھاڑتی اور کراہتی رہی
بادِ رفتار کیا ہے یہی!
پیڑ جڑ سے اکھڑ کر اڑے
اور بجلی کے کھمبے مڑے اس طرح
دستِ عفریت نے جیسے ان کو مروڑا ہو
کھپریل ساری چھتوں کی اڑی
اور کہیں سے کہیں جا گری!
ہو رہا ہے یہ کیا

سارے ذی روح دوڑے چلے جا رہے ہیں کہاں
اک مصیبت سے اک دوسری ہی مصیبت کی سمت
اور شیطان جیسی ہوا نے دو ہتھڑ دیا تو
ہتھیلی کا ابھرا نشاں پیٹھ پر
گاؤں کے گاؤں قصبے سبھی
تیز دانتوں سے کچ کچ چبانے لگی
اور پیروں تلے روند کر رقص کرتی رہی!
باد اور آب نے ہاتھ اپنے ملائے ہیں کیا؟

دوڑتی بھاگتی بدلیاں

اور بگولے شکار ان کا کرنے کو پیچھا کریں

کون جانے سمندر کا کیا حال ہے!

آندھیوں کے مہیب اور شیطانی رقص مسلسل سے

ساری حدیں مٹ گئیں۔

گھپ اندھیرے میں آندھی

چکاچوند کرتی ہوئی ٹارچ کی روشنی ڈال کر

ڈھونڈتی ہے شکار اپنا۔

اور آسماں بھی اسی درمیاں

چشمِ برقِ تپاں وا کیے

سادھتا ہے نشانہ یہاں اور وہاں۔

سر پٹک کر

زمیں پر اگر شور و غوغا کریں

چیخیں چلائیں گریہ کریں

تب بھی یہ رات ظالم پگھلتی نہیں۔

اپنی لہروں کو لے کر سمندر اماوس کا

قصبوں کی جانب بڑھا۔

اژدہوں کی طرح پھن کو پھیلائے پھنکارتی

خوف ناک اونچی لہروں نے یلغار کی

اور ناٹک شروع ہو گیا۔

اک اہم رس

وبھت رس

جگہ کوئی ہو

ہر جگہ ، ہر طرف

صرف لاشوں کے انبار ہیں

بد نصیبی سے جو بچ گئے ہیں یہی تو اداکار ہیں۔

موت کا ہے یہ ناٹک بھیانک مناظر سے آراستہ

اپنے آغاز سے اپنے انجام تک

اور مکمل تباہی ہی انجام ہے۔

ان مچھیروں سے لہروں کی یاری

ازل سے ہے لیکن

انھی دوست لہروں نے

انجانے سانپوں کی صورت
انہیں ڈس لیا

سطح پر تیرتی ساکت و بے نوا
صرف لاشیں ہی لاشیں ہیں بکھری ہوئی
سبز چادر کو اوڑھے ہوئے کھیت
کل تک جو فصلوں سے معمور تھے
ایک لمحے میں سارے فنا ہو گئے
کوئی تالاب باقی نہ کنٹہ کوئی
تابہ حدِّ نظر بس سمندر رہی ہے
یعنی منزل فنا کی فقط آب ہے
زندگی ہے ہتھوڑے کی زد میں ہواؤں کے بیچ
اور پھر کب کہاں کون سا لمحہ
بن جائے گا لمحۂ موت
کوئی نہیں جانتا!
کیا ہوا نے ہے رخ اپنا بدلا

جنوبی طرف!
سمت کوئی بھی ہو
اب وہ کس کو نگلنے کو ہے
یہ نہیں ہے کسی کو پتہ!
ایک ویران قصبے میں
چپ چاپ اترتی سویرے کی پہلی کرن .....
چند لاشوں کے بیچ ایک مرغا کھڑا بانگ دیتا ہوا .....
کیا یہ لاشیں کسی بانگ پر آج بیدار ہو پائیں گی؟
ہر طرف صرف ملبہ ہی ملبہ ہے بکھرا ہوا۔

اس قیامت کے منظر کو سورج نہ سہہ پایا
اور ابر کی اوٹ میں چھپ گیا۔
وہ جو زندہ رہے
بدنصیبی میں یکتا ہوئے۔
پھر ہوا یوں کہ ناٹک میں کچھ اور کردار داخل ہوئے
آئیں سرکاریں اور ناظرینِ مکرم کی صورت
اداکاری کرنے لگیں

جرم جس کا بھی ہو۔
جو حیات آفریں تھا
وہی آب
آبِ اجل بن گیا! !!

(---15---)

آسماں میں وہ رہتا تھا تب
کوئی پابندیاں ہی نہ تھیں آب پر۔
بادلوں کی نظر میں
کوئی ملک
کوئی ریاست نہ تھی
بوند پر پینے والے کا کوئی پتہ بھی نہ تھا۔
بادلوں کو نہ تھا علم
وہ کب کہاں پر برس جائیں گے۔

وہ جو بارش سمندر کے اوپر ہوئی
اس نے لہروں کے گالوں کو سہلایا

اور آسماں کے کئی تجربوں کی گرہ کھول دی۔
بے بہا آب لائے ہوئے بادلوں نے
بڑے پیار سے
ساری ندیوں کو چلنا سکھایا۔
تو ندیاں زمیں کی رگوں کو سمجھ کر
ہوئیں مطمئن
اور چمکنے لگیں
آب ٹپکے زمیں پر
تو خوشبو مزہ رنگ کے ساتھ مل کر
وقارِ زمیں میں اضافہ کرے
اور پر نالہ بہنے لگے جب تو پھر
بالٹی میں مقید ہوئی دھار پانی کی۔
ہے اس قدر آب ساری زمیں پر
کہ ہم پاؤں بھیگے بنا
کرۂ ارض پر گھوم سکتے نہیں
پھر بھی اب حال یہ ہے
کہ پانی نہیں۔

ترجمہ: رحمت یوسف زئی

اور ایسا برا وقت آیا کہ اب
حلق کو اپنے تر کرنا مشکل ہوا ہے۔
یہ ندیوں کا لمبا سفر!......
کیا یہی اس کا انجام ہے؟
کیا سمندر کے وحشت بھرے آب کو
درسِ انسانیت کی عطا کا نتیجہ ہے یہ؟
ریگ زاروں کی لا انتہا تشنگی کو
بجھانے کا جو خواب ہے آب کا
کس طرح ہو گا پورا؟ کہو!!

ناپ کر تول کر اس زمیں پر تو بارش نہ ہو پائے گی
بادلوں پر بھروسہ ہے انسان کو
ہاں مگر......
خود کی خواہش، خلوص و کرم ہی سے
بادل برستے ہیں شفّاف پانی کی بوندوں میں ڈھلتے ہوئے
اور ندیاں تو سرسبز خوابوں کے
اور

بے تکاں دوڑنے کے سوا اور کچھ جانتی ہی نہیں
ہیں کناروں کی حد میں مقیّد مگر
آرزو دوڑنے کی
انہیں آگے بڑھنے پہ اکسائے ہے
کیوں کہ آزاد رہنا ہی تو فطرتِ آب ہے
اور ندیوں کے لامختتم اس سفر میں
رکاوٹ تو آتی ہے ہر ہر قدم
یہ جو جنگل ہیں بے چارے
ندیوں کے رستے میں کوئی رکاوٹ نہیں ڈالتے
صرف دھوتے ہیں پیر اپنے چپ چاپ۔۔۔۔۔
اور کچھ نہیں !

جنگلوں ہی میں کچھ سانس لیتی ہیں ندیاں
مگر جب پہنچتی ہیں وہ بستیوں کے قریں
پڑنے لگتے ہیں تیوری پہ بل۔
یہ جو لہریں ہیں
مقصد ہے ان کا سبھی تک رسائی

سبھی کو ملانا.....

یہی ایک جہتی کی بنیاد ہے

جب سبھی جاندار ایک ہیں تو بھلا

کیسے احساس پانی کا ہو مختلف !

"آگے مت جاؤ

اب تم یہیں پر رکو"

کوئی کہتا ہے

اور

کوئی سینے میں نیزے چبھو کر

بناتا ہے بند، اپنی کٹ

اور پھر ان آب کے ان ذخیروں پہ بحثوں کا اک سلسلہ ۔

موٹی ہوتی ہوئی فائلیں

جن میں پانی پڑا سوکھتا ہی رہا۔

آب میں آگ جھگڑے کی لگتی رہی

آب کا آگ بننا ہے شائد یہی

آب پر حق جمانے

گوپی کی نظم نغمۂ آب

ترجمہ: رحمت یوسف زئی

سیاست کے حربے چلے
پوچھتے ہیں یہ بادل گرجتے ہوئے
پوچھتے ہیں یہ بادل گرجتے ہوئے
آدمی سے
"بتا! آب پر کس کا حق ہے بھلا؟
آسمان میں کوئی سرحدیں جب نہیں
تو زمیں پر بنا لی ہیں تو نے یہ کیوں سرحدیں؟

کولوریڈو ندی
کتنی صدیوں سے تیغوں کے سائے میں بہتی رہی
ایری زونا کیلی فورنیا الجھتے رہے
اور انصاف کیا ہے یہ پانی ہی جانے۔
عدالت تو قدرت کے انصاف سے ہار جاتی ہے۔
آبی ذخیروں پہ بارش بموں کی ہوئی
اور بٹوارا پانی کا
راون کی جلتی چتا کی طرح!!
اور فلسطین و اسرائیل......

ان میں ذرا سا جو پانی بچا
اس میں بھی خون لہرا رہا ہے۔
بدن سارا اردن ندی کا
ہے آلودہ زخموں سے
لبنان، اردن ہو یا شام ہو
وہ بس اک بوند سے کر رہے ہیں زباں اپنی تر۔

ویسے یہ تو بظاہر ہے مذہب کا جھگڑا.....
بظاہر ہے ٹکراؤ تہذیب کا .....
اس کی تہہ میں مگر آب کا درد ہے۔
زندگی کا سہارا ہمیشہ سے پانی رہا
جانداروں پہ لیکن تشدد کا کارن ہے کوئی
تو پانی ہی ہے !!!

(---16---)

شئے کو کھو کر ہی
اس شئے کی قیمت کا اندازہ ہوتا ہے !
پانی ہے کیا صرف پانی ؟
یہ سونا ہے.....
لیکن حقیقت میں سونا تو بہتا نہیں !
اور سونا گلے سے بھی ہر گز اترتا نہیں
تو بھلا آب کے آگے سونے کی وقعت ہی کیا؟

قحط آلود دھرتی پہ سوئے اگر کوئی تو
خواب آتے نہیں آب کے۔
ہر سمئے جس جگہ قحط تانڈو کرے
ہے زمیں جیسے دوزخ کوئی

سوکھی ندیوں میں
ماضی کی یادوں کے انکور کھلتے رہے۔

مینھ برسے تو پانی زمیں کی سبھی قوتوں کو بہا کر
انہیں ساتھ لے جائے ہے .....
روکنے کے لئے کوئی پیڑوں کی سر سبز دیوار بھی تو نہیں

بانجھ دھرتی کے آگے جھکیں.....
اور آنسو بہائیں تو کیا فائدہ ہے ؟
تھنوں کو زمیں کے اگر دوہیں تو
دودھ کی دھارا بلے مگر
کیا زمیں
وار کھرپی کا سینے پہ سہہ پائے گی؟
لوگ سرمایہ کاری کے بل پر ہی دولت پہ قابض ہوئے
اور دھرتی کی گہرائیوں میں جو نہریں ہیں
ان پہ تسلّط جمائے ہوئے
اپنے اطراف سارے پڑوسی کنوؤں کا سبھی آب

چوسا کئے !

پھر اکیلے ہی

آبی ذخیرے پہ بیٹھے ہوئے

قحط کا لطف لیتے رہے !

قحط کی اس تجارت کے فن میں مہارت انہیں !

یہ زمین ہے تمہاری .....

تو کیا اس زمین کا حمل بھی تمہارا ہی ہے ؟

یہ زمین ہے تمہاری.....

کیا اندرونِ زمیں بہتے پانی کی تقطیر کرتی ہوئی

حیرت انگیز ارضی تہیں بھی تمہاری ہی ہیں؟

باد، پانی، دھوئیں کے عجب رشتۂ باہمی سے بنی بدلیاں

جو ہیں قدرت کا اک تحفۂ بے بہا

طئے شدہ ان کا رستہ نہیں.....

فوجیوں کی طرح

وہ قطاروں میں چلتیں نہیں !

پھر یہ سب سرحدیں

کیوں بنائی گئی ہیں زمیں پر ؟ کہو ! !

اور پھر یہ سمندر ! ؟
سمندر کی حد بندیاں ہیں کہاں ؟
اور لہریں حسابی اصولوں پہ چلتی ہیں کیا؟
چاند گرچہ سمندر کا تھوڑا مخالف مگر
ہے سمندر تو شفقت بھرا .....
جس کا یارانہ
انجان سی سرحدوں سے بھی ہے۔

آسماں پر کسی کا نہیں کوئی قابو .....
سمندر کا جب کوئی رہبر نہیں ......
تم زمینوں کے مالک بنے .....
اور تم.....
ساری دولت پہ قابض ہوئے۔
کون ہوتے ہو تم ؟
مل کے دونوں نے پانی پہ قبضہ کیا

گوپی کی نظم نغمۂ آب — ترجمہ: رحمت یوسف زئی

اور پانی کے سوامی بنے!
آج پانی کے آقا ہی بن بیٹھے آقا زمیں کے یہاں .....
آج پانی کے آقا ہی دولت کے آقا بنے! ......

بین الاقوامی تاجر ہو تم .....

تاجرو .....

آؤ .....

پانی کے سارے ذخیرے کو بوتل میں بھر لو!
غریبوں کے ہونٹوں پہ بس پیاس رکھ دو!
سبھی جانداروں کے حق چھین لو!
اس نہج سے تجارت کو افزوں کرو!!

(---17---)

جو حسیں ہو.....

ضروری نہیں ہے کہ وہ مطمئن بھی رہے۔

جو حسیں ہو.....

ضروری نہیں ہے کہ مسرور ہو۔

برف کا حال بھی ہے یہی !

برف اور آب کے درمیاں

ایک نازک سی حد۔

اور قالب بدلتے کرب آمیز سی سسکیاں.....

اندرونِ وجود اک دباؤ سا ہے جس سے

چیخیں نکلتی ہیں

پھر ٹوٹنے اور چٹکنے کی آواز سے

گریہ و زاری کی اک گونج سی پھیلتی ہے
مگر .....
برف تو ہے نہایت حسیں
آسمانوں کے سرِّ نہاں سے کھلے
کیسے شفاف منشور ہیں !
برف کیا نرم و نازک کنول کی طرح کی کوئی چیز ہے ؟
ٹھیک ہے ..... ہو گی ..... پھر بھی وہ پتھر ہی ہے !
اپنے دل کو ہے پتھر بنائے ہوئے .....
کاٹ پتھر میں لیکن ذرا بھی نہیں۔
کچھ خصومت کسی سے نہیں ہے اسے

برف ٹکڑا ہے روشن سی بالائی کا۔
ایک سیّال سی جگمگاہٹ لیے
وہ کسی سخت پتھر کی مانند جامد نہیں۔
اور ٹھہراؤ اس کا وتیرہ نہیں
لمحہ لمحہ وہ نظروں سے اوجھل سی ہوتی ہوئی
اور پھر سے دوبارہ وہی روپ لیتی ہوئی

اس زمیں کے کناروں پر اڑتی ہوئی
روئی کے پھول کی جیسے مالا کوئی۔
صاف وشفّاف شیشے سی آنکھوں میں
اک آئینہ آسمانوں کو جو منعکس کر گیا۔
جیسے پانی میں ہے زندگی.....
ویسے ہی برف میں جان ہے
تنگیِ ارض میں اور گنجان خطوں میں
اک کائناتی توازن کی خاطر
تپسّیا میں مصروف ہے وہ رشی کی طرح!
برف کی اس تپسّیا میں
کوئی خلل ڈالنا تو مناسب نہیں
کوئی مائع کو گرداب کہنے لگے
تو یقیں کون اس پر کرے!
پیاس جس سے بجھے
ایسے امرت کو لوہے سے تشبیہہ دینا ہے بالکل غلط۔
سائنس دانو! پھر اک بار تحقیق کر لو.....
اگر تم کو لوہا ہی کہنا ہے تو پھر

یہ لوہا ہے بہتا ہوا!
اور بہتے ہوئے.....
پھر سے جمتے پگھلتے ہوئے.....
بھاپ بنتے ہوئے.....
بے تکاں کائناتی بہاؤ کے پہیئے کو
ہر دم گھماتا رہا ہے یہ آب!
اور اب
برف کی شکل میں یہ تپسّیا میں مصروف ہے!
برف کے اس عمل، جل تپسّیا کو، اس کی عبادات کو
بھنگ کرنا مناسب نہیں!
روپ میں ہے یہ پتھر کے لیکن

یہ ہلکا ہے پانی سے۔
دیکھو ذرا.....
آب کی سطح پر
کس طرح تیرتا ہے بھلا!
دن میں سورج کی کرنوں کو یہ جذب کر کے

اندھیروں میں کیسی تجلّی سے معمور ہے

دیکھو ! ایسا نہ ہو

روٹھ کر برف گھل جائے

اور مادرِ آب میں ذات اپنی مٹا دے کہیں !

دیکھو ! ایسا نہ ہو

سارے برفیلے پربت تڑخ کر بکھر جائیں

اور سارے عالم کو آبی قیامت سے دو چار کر دیں !

ذرا آنکھ کھولو .....

یہ امیّد ہر گز نہ رکھنا کہ

برگد کے پتے کی کشتی پہ بالک کوئی آئے گا...

ہاتھ جل جائے تو پھر بچاؤ کی تدبیر سے فائدہ ؟

کھیت چگ جائیں چڑیاں

تو پچھتاوا کرنے سے حاصل ہی کیا ! ! !

(ـــ18ـــ)

ذمہ داری ہے بادل کی اتنی......
کہ بس وہ برس جائیں اور تجربہ گاہ میں آسمانوں کی
تیار ہوتی ہوئی طاقتِ بے حد و انتہا کو
زمیں پر چھڑک دیں !
مگر
بوند !......
اس کی ہے منزل کہاں !؟
جو بھرے پیٹ ہیں وہ شکم سیر ہوتے رہیں ......
اور جو پیٹ خالی ہوں خالی رہیں ......
یہ جو ندیاں ہیں ان کا یہی حال ہے۔
کوہ ساروں سے پوچھیں اگر
تو وہ معصوم چہرا بنا کر یہ کہتے ہیں
"ہم تو یہیں ہیں پڑے

اس میں کیا ہے ہماری خطا "

مشرقی گھاٹیوں کی چٹانوں سے

ایقان جھرنوں کی صورت میں بہتا رہا!

مرتفعِ دکن سر اٹھا کر کھڑا ہو اگر

تب بھی اک بوند اس کی زباں تک پہنچتی نہیں !

وندھیاچل اگستیہ رشی کے لیے اک رکاوٹ بنا!

ست پڑا کے پہاڑوں نے گوتم کی خاطر

تپسیائیں کیں !

دھرتی رہتی ہیں ندیاں پہاڑوں پہ الزام

لیکن وہ مانیں گے کب!

اور وہ خالق کائنات !..... اس کو بھی تو بھگتنا پڑا!

ہے روایت کہ

برہما کے دو بوند آنسو ٹپک کر بنے سون اور نربدا۔

اور گنگا ہمالہ کی دختر ..... بڑی لاڈلی .....

ایسی حالت میں کب تک بہے گی بھلا ؟

دل میں کاویری کے

باغ سر سبز و شاداب تھے......
اب مگر اس کے زخمی بدن پر ہے بکھری ہوئی ریت
وہ سینکڑوں چھوٹی لہروں میں بٹ سی گئی!
کون جانے کہ کب اس کی زلفیں سلجھ پائیں گی!!
ناز ہے،برہم پترا کو کتنا مگر......
مقتدر اونچے اونچے پہاڑوں کی ان چوٹیوں کو
پتہ ہی نہیں ہے کہ وہ
ان اچھلتی ہوئی تند لہروں کا آخر کریں بھی تو کیا
بانس کے بن میں بنسی بجاتی رہی ونش دھارا مگر......
کیا کہیں بھوک مٹتی ہے سنگیت سے!
اب وسابر متی کے کنارے خراماں غزالوں کو
آتی ہے بو خون کی......!
گندے پانی میں جم نا کے، چہرہ سیہ کر لیا تاج نے!
گھس گئے دوڑتے دوڑتے پاؤں
گوداوری اور کرشنا کے مگر
یہ خزانہ سمندر کا بھرتی رہیں!

گوپی کی نظم نغمۂ آب 108 ترجمہ : رحمت یوسف زئی

دوڑتی بھاگتی یہ جو ندیاں ہیں
کیا حکم رکنے کا تسلیم کر پائیں گی؟
اور انسان یہ کیوں سمجھتا نہیں ہے
کہ ندیاں بھی مجبور ہیں !
ہر ندی اپنی طے کردہ راہوں پہ
چلتی رہے تو جواز اس کے ہونے کا کیا ہے بھلا؟
اور پانی فقط رینگتا ہی رہے
اس زمیں کے بدن پر مگر
بوند پانی کی ہونٹوں کو چھو بھی نہ پائے.....
تو کیا اس سے بدنام پانی نہ ہوگا بھلا؟

اس زمیں آسماں کو ملا کر سیا تو گیا ہے مگر
یہ جو سینے کی محنت ہے وہ سب
سمندر میں ہو غرق تو
اس سے حاصل ہی کیا؟
آب تو ایک انمول دولت ہے آکاش کی.....
ہاں مگر جب زمیں پر یہ برسا

تو پھر ٹکڑے ٹکڑے ہوا

جانداروں کی خاطر بنا تھا یہ پانی مگر

زندگی دینے والا یہ پانی ہی اب

جان لینے پر کیوں تُل گیا؟

اے زمیں

زندگی سے عبارت ہو تم

اور اگر زندگی ہی نہیں

تو وجودِ زمیں صرف مٹّی کا تودہ ہے اور کچھ نہیں !

اونچے اونچے پہاڑوں نے رخنے تو ڈالے مگر

کیا کبھی آدمی رک سکا؟

سر کو اپنے اٹھائے ہوئے آگے بڑھتا رہا

اور انسانی تہذیب کو آٹھ سمتوں میں پھیلا دیا !

گر نسیں بند ہو جائیں تو

کیا جراحت سے رستے نئے پھر سے بنتے نہیں ؟

گوپی کی نظم نغمۂ آب   ترجمہ: رحمت یوسف زئی

آؤ ہم ساری ندیاں ملا دیں
کہ بندھن سے ہی زندگی
اپنی تکمیل کی سمت چل پائے گی
ایسی بنجر زمینوں پہ چلنے کا انجام کیا!
کچھ بھی حاصل نہیں
بات یہ ہے کہ
گنگا ..... پہاڑوں کی بیٹی کا دل
ہے نزاکت بھرا
اور کاویری کا دل ہے سر سبز و شاداب
تو
دونوں سمتوں کو ہم جوڑ دیں
باندھ لیں
ساری سمتیں ہماری ہی ہو جائیں گی۔
اس سے پہلے کہ نفرت بڑھے درمیاں آدمی کے .....
چلو آؤ ندیوں کی زلفیں سنواریں .....
کریں ان کا سنگھار .....
بہتر یہی ہے کہ ہم پھر انہیں آب سے جوڑ دیں!!

(﹍19﹍)

نام لیتے ہی ندیوں کا
"گنگا"!
تمہیں یاد کرنا ہی پڑتا ہے
اک خاص انداز سے!
یاد آتی ہو تم
تو دلوں کی کثافت سبھی
دھل سی جاتی ہے۔
تاریخ بہتے ہوئے آب میں ہے نہاں......
منعکس جس میں ہوتی ہیں

کتنی عمارات تہذیب کی۔
اور تمہاری ہی لہروں کی ممتا سے لبریز آغوش میں
جنم لیتے ہوئے رز میے نور سے بھر گئے۔

ویسے کتنی ہی ندیوں نے تم سے زیادہ
سفر طئے کیا!
ان کی دولت بھی کچھ کم نہیں تھی مگر
وہ سمندر سے جا کر ملیں.....
اور ضائع ہوئیں !
جو تمہاری ہے پاکیزگی
وہ الگ ہے.....
جو انداز ہے وہ عجب ہے.....
محبت سے بھرپور سایہ تمہارا
الگ ہے.....
جزیرہ نما ہند میں
جوش سے پُر تمہارا چراغ اور ہے !.....
ویاس نے اپنا منہ دھویا جس آب سے

وہ سحر کی تجلّی کی مانند آبِ رواں بھی تمہارا ہی ہے !

اور کبیرا کے دوہوں کو سینچا تمہیں نے !

تمہارے ہی پانی سے آبادیوں نے

بھگویا ہے اپنی جڑوں کو !

تمہارے سراج منور کا پرچم ہیں

بھاگیرتی !

اور منداکنی ! !

جب تمہارا تصور کریں

بھارتی آتما اک نئے روپ میں جلوہ گر ہو

تمہارے تصور سے

فن کار کے ذہن میں موجزن لہریں تخلیق کی

اے گراں قدر دودو کناروں کی ملکہ

نہ جانے یہ کیوں تم ادھر

دبلی پتلی سی ہونے لگی ہو

یہ کیوں آج کل

پھیلتی ریت میں ڈھل رہی ہو
بدن سارا آلودگی سے بھرا
لے کے چپ چاپ تم
کیوں پگھلنے لگی ہو ..... کہو!
دوسرا نام ہو آب کا
پھر بھی کیوں
دق کی روگی بنی ہو ..... کہو!
تم کہ پاکیزگی کا سہارا ہو
آدم کی خود غرضیوں سے ہو لب ریز کیوں!
کوئی تہذیب خود غرضیوں کی تو ہوتی نہیں.....
اس سے بچنے کا رستہ بھی کوئی نہیں !.....
زہر کو ہضم تم کر نہ پائی ہو .....
شائد یہی وجہ ہے
تم لگاتار مرجھا رہی ہو !.....
اسی وجہ سے تو
گلے میں سمویا تھا شیو جی نے سارا ہی وِش!
تو بتاؤ کہ تم

کیوں جٹاؤں سے نیچے گریں؟

یہ خطا تم نے کیوں کی ..... کہو!

زہر جو بہہ رہا ہے رگوں میں تمہاری

وہ لاکھوں کروڑوں کی تعداد میں

جان داروں کو تبدیل کر جائے گا راکھ میں۔

اے انسان!

اے ابنِ آدم! ادھر آ ..... ذرا دیکھ

گنگا

ہے لیٹی ہوئی بسترِ مرگ پر آب کے!

ریت کا اک لحاف اس نے

اوڑھا ہوا ہے!

ذرا دیکھ .....

گنگا

نقاہت سے

کیسے کراہتی ہے کمزور آواز میں!

گوپی کی نظم نغمۂ آب

ترجمہ: رحمت یوسف زئی

اور

گنگوتری تک ہے پھیلی ہوئی اس کی بیماری! ......

لگتا ہے

جیسے خود اپنی ہی ماں پر

کرے وار

وحشی درندہ کوئی!

اے او انسان!

اے ابنِ آدم!

قدم اپنے آگے بڑھا ......

آ کہ ہم اپنی گنگا کو دے کر سہارا

سنبھالیں اسے! ......

پہلے ہم اپنی روحوں کی تطہیر کر لیں ذرا

اور پھر مادرِ مہرباں کی صحت پر توجہ کریں!!

(---20---)

جھیل، تالاب کے

خوبصورت مناظر کا بچپن کی یادوں میں ڈھلنا

بڑے درد کی بات ہے!

ہڈیاں سارے تالاب کی

جیسے باہر نکل آئی ہیں.....

دیکھ کر کس قدر رنج ہوتا ہے

اب کیا کہیں!

کس نے اغوا کیا ہے یہ تالاب کا؟

یہ جو چادر کئی لاکھ تھانوں سے مل کر بنی.....

جس کی بُنّت میں بارش کی بوچھار تھی .....

تانے بانے سے جھرنوں کے

صورت گری جس کی ہو پائی تھی.....

اور لہروں کے دھاگوں نے جوڑا تھا جس کو.....

سبھی یادیں بچپن کی پرچھائیاں بن گئیں!!

ہیں کنارے پہ تالاب کے

پیلے پیلے گھڑے ..... جن کو پیتل سے ڈھالا گیا
چھوٹی چھوٹی سبک کشتیوں کی طرح
تیرتے ہیں مناظر جہاں
ساریوں کو ہوا میں سکھاتی ہوئی کچھ حسینائیں
جیسے پھریرے اڑاتی ہوئی ! !

وہ جو بچپن کی پر چھائیاں
باندھ پر سے نظر آیا کرتی تھیں تالاب کے.....
کن تہوں میں نہ جانے
وہ دب سی گئیں !
سوکھ کر گم ہوئیں !
آؤ ہم پھر سے ڈھونڈیں وہی باندھ تالاب کا .....
اور زندہ کریں پھر سے منظر وہی
سارے تالاب کے جسم پر
پتھروں کی چٹانیں ہیں ابھری ہوئی
اور اپنی نگاہوں سے کچھ کہہ رہی ہیں.....
چلو! آؤ! ان کو سنیں

پنچ نامہ بھی اب تک کسی نے لکھا ہی نہیں !

اس تباہی کا کارن ہے کیا .....

جاننا ہے ابھی !

خشک دھرتی کے بچھوے کی چھن چھن ہے تالاب یہ !

لہلہاتی ہوئی تازگی سے بھرے

گھاس کے سبز گٹھّوں کی آواز کا

اک تسلسل ہے تالاب یہ !

لوک گیتوں کی گہرائیوں سے ابلتا ہوا

ایک فوّارہ تالاب یہ !

سانجھ کے وقت رخصت جو ہوتا ہے ہیرو

اسے بھی وداع کرنے والا ہے تالاب یہ !

ہائے !

خالی سے میدان کو دیکھ کر

دل بھر آیا ہے تالاب ہی کی طرح !

ننھے جھرنے بنے ہیں جو بارش کی بوچھار سے .....

گوپی کی نظم نغمۂ آب

ترجمہ : رحمت یوسف زئی

وہ تو سچ مچ میں ننھے ہی ہیں !
تھام کر انگلی نالوں کی
جب وہ سماتے ہیں تالاب کی گود میں ......
تب تلک وہ تو ننھے ہی ہیں ......
اور نالوں کے آنے سے
تالاب کا دل جیسے بھر جائے ہے !
اس سے بڑھ کر نہیں اس کی خواہش کوئی ..... !
بس قناعت ہی تو اس کی تہذیب ہے !
اور بھر جائے تالاب تو
پاس کے کھیت سیراب کرتا ہے .....
پھر وہ بغل گیر ہو کر کسی نہر سے
آب کے زر کو ڈھو کر
کسی اور تالاب کو ڈھال دیتا ہے سونے میں !
دولت زیادہ اگر ہو تو پھر وہ سخی
دان دیتا ہے دریا دلی سے کسی اور تالاب کو
یعنی تالاب مظہر ہے بہبود کا ! ! ! ☆

تو کہو !

خشک کیسے یہ دھرتی ہوئی ؟

کس نے تالاب اغوا کئے ؟

اور کس نے نظامِ عظیم آب کا

تہہ و بالا کیا؟

اور تالاب کے جسم پر

بے تحاشہ عمارات پھوڑوں کی مانند تعمیر کیں ؟

آسمان کی مذمت ہر اک بات پر

ہے یہ عادت ہماری پرانی مگر .....

صرف بارش پہ ندیاں جو ہیں منحصر

ان کو دھرتی پہ بہنے سے

وہ کون سیندھو☆ ہے جو روکتا ہے ؟ کہو !!

بیچ میں ہی اگر آب

یاں واں رکے.....

پیاس ندیوں کی کیسے بجھے گی بھلا؟

جو ہے رنجش

ندی اور تالاب کے درمیاں .....

وہ بطن سے تو پانی کے پھوٹی نہیں

قلّتِ آب سے بد نصیبوں نے ہجرت کی راہیں چُنیں
جس جگہ پر ندی جنم لے .....
کیا وہیں تک ہیں محدود آسائشیں ؟
کتنے جھرنے ہیں اور
ان گنت ان کے نالے بھی ہیں .....
جب شکم سیر ہوتے ہیں تو
دوڑنا سیکھ لیتے ہیں وہ !
دوڑتی ہیں جو ندیاں تو یہ دوڑ بھی
کیا نہیں ہجرتوں کے لئے ؟
جوش میں دوڑتے دوڑتے
پیاسی دھرتی کو سیراب کرنا بھی اک فرض ہے۔
تشنہ ہونٹوں کو چھوئے بنا ہی گزرنا .....
سمندر کی بانہوں میں جا کر سمو جانا .....
یوں زندگی کو گنوانے سے حاصل ہے کیا؟
آب کے ناپ اور تول میں اک توازن ضروری ہے

اور

اس لئے ہم صدا دے رہے ہیں کہ اب آیئے.....

آیئے.....

تاکہ ہم ساری ندیوں کے دل جوڑ دیں .....

شال کی طرح تالاب سارے ہی ہم اوڑھ لیں ! !

(---21---)

جس طرح ہم ہوا کو کبھی تھام سکتے نہیں.....

یوں ہی ممکن نہیں آب کو قید کرنا کبھی !

گر بھ دھرتی کا جو منتشر کر سکے .....

آب ایسا قوی جو پہاڑوں کی توڑے کمر !

آب ہے وجر یدھ ☆

اس کے آگے چٹانوں کی کیا حیثیت .....

چھوٹے نازک سے کچھ کنکروں سے زیادہ نہیں !

راستہ آب کا روکنے کی اگر وہ کبھی کوشش کریں.....

آب ان کو اڑاتا ہے فوّارے کی شکل میں۔

آبشار ایک پرتو ہے سنسار میں بے حد و انتہا حسن کا .....

وہ فقط آبشارِ حسیں ہی نہیں.....

وہ تو اک نغمۂ آب ہے !

اس کی رفتار۔۔۔اف !

اس کا منبع کہاں ؟

اس کی رفتار.....

کیا برف کی چادروں کی تہوں سے بنے قید خانے سے

آزاد ہونے کی جرأت کا اک روپ ہے..... ؟

کیا یہ ندیوں کے دھیمے خرامِ سبک سے

ذرا چھیڑ کرتی ہوئی

تیز رفتار ہے..... ؟

اور اگر تنگ راہیں رکاوٹ بنیں تو

چمکتی ہوئی تیز تلوار کی دھار ہے ..... ؟

کیا پہاڑوں کے سینے سے یک لخت ابھری ہوئی

کوئی پرواز ہے..... ؟

پتھروں کے لبوں سے نکلتی ہوئی

گفتگوئے مسلسل کا مطلب ہے کیا..... ؟

اور ندی

دیکھ کر نیچے وادی کو

اٹکھیلیاں جیسے بھرتی ہوئی.....

اور ازل سے ابد تک مسرت سے

وہ جھومتی ہے.....

تو آخر سبب اس کا کیا ہے بھلا..... ؟

یہ رفتار ! کیا کوئی معمولی رفتار ہے..... ؟

اس کو نظریں پکڑنے کی کوشش کریں

تو کبھی کامیابی کی منزل کو کوشش یہ چھو پائے گی ..... ؟

اک دراڑ، اک خلش، اک چبھن .....

اور بس !

دھار پانی کی

شیر ببر کی طرح

گوپی کی نظم نغمۂ آب

ترجمہ: رحمت یوسف زئی

اپنی زلفیں جھٹکتے ہوئے.....
گڑگڑاتے گرجتے ہوئے.....
روکنے پر بھی جو رک سکے، نہ کٹ ہی سکے
جست ایسی ہے یہ !......
یا انڈیلا ہوا اک دھماکہ کوئی!
یا اچانک بکھرا ہوا گیت ہے!
نیا گرا ہو یا وکٹوریا.....
اور ممکن ہے کنٹالہ کا آبشار☆!......
آب کے ہیں سبھی روپ یہ
جن کا اک اک الگ نام ہے۔
جست جب یہ لگاتے ہیں اونچائی سے......

تو لگے دور سے......
جیسے لاکھوں ہی طاؤس کے پر ہیں پھیلے ہوئے!
ایسے لگتا ہے جیسے کہ بہتا ہوا وقت
یک لخت تھم سا گیا!

دور اوپر پہاڑوں کی چوٹی پہ دیکھو ذرا
ایک موباف سا جھولتا ہے وہاں !
اور پہاڑی دلہن کاڑھ کر اپنا گھونگھٹ
ہے بیٹھی ہوئی !
سوئیوں جیسے ننھے سے چھینٹے ترشتے ہوئے
خوب صورت سی قوسِ قزح.....
آبی گھوڑوں کا کرتب دکھاتے ہوئے کھیلنا.....
پھن کو پھیلا کے پھنکارتے سانپ بجلی کے .....
اک ایسا منظر
کہ جس کی کبھی کوئی تشریح ممکن نہیں !
اک عجب جاذبیّت تحیّر سے بھرپور ہے !
اور ہر لمحہ پانی کے ذرات کی کھوج
صدیوں پرانی ہے۔
کیا
آب یہ جانتا ہے
کہ اگلا ہی لمحہ ہے منزل فنا کی یہاں ؟
اتنی اونچائی سے کود کر

آپ اپنی خوشی سے
بدن اپنا لاکھوں کروڑوں ہی ذرّوں میں
تقسیم کرتا ہوا.....
اور اگلے ہی لمحے انہیں جوڑ کر
آگے بڑھتا ہوا.....!
آبشار اک کڑی ہے جو
ندیوں کے دونوں ہی پہیے گھماتی رہی ہے سدا!
اور ندیوں کی حفظ و اماں ہی میں تو
آبشاروں کی ہے زندگی!
اور دھرتی سے اگتے ہوئے
ڈھیروں اجناس کے خواب
دکھلاتے رہتے ہیں یہ آبشار!
ایسی طاقت تمہاری.....
کہ بجلی کی مالا کوئی.....!
دھنیہ ہی میگھ بالا کہ جنما تمہیں!!

(---22---)

نرم دل ہی نہیں ہے سمندر کا پانی فقط
زور آور بھی ہے !
وہ زمیں سے ہوا سے زیادہ
اٹھا سکتا ہے وزن کو !
اپنے سینے کو وہ چیر کر
کشتیوں کو دیا کرتا ہے راستہ !
وہ سمندر رہی ہے جس نے انسان کو
دور سے دور لمبے سفر کے لئے حوصلہ اور تحریک دی !
آب کی جو گھڑی ہے
وہاں روز شب کا نہیں ہے تعّین کوئی !
مچھلیاں جیسے آنکھیں نہیں موند تیں......

یونہی لہریں سمٹ کر کبھی نیند لیتیں نہیں !

ہے سمندر کو جرأت و ہمت پسند !

اپنے آنچل میں کم زور چھوٹی بڑی کشتیوں کو بھی

لہریں سہارا دیا کرتی ہیں پیار سے !

ہے سمندر کو انسان سے الفت .....

کہ ہے انسان بھی تو

سمندر کے مانند ہے تیز رو !

تین چوتھائی اس کا بدن آب سے ہی بنا !

ڈھو رہا ہے سمندر کو انساں سدا..... !

ہاں مگر سخت نمکین پانی نہیں

پاک پانی کا بھنڈار ہے آدمی !

اور پھر یہ سمندر بھی ناکارہ بالکل نہیں !

گیلے گیلے سے رشتے ہیں اس کے سبھی جانداروں کے ساتھ

وہ دہکتے ہوئے گرم سورج کی کرنوں سے

اپنے بدن کو تپا کر

دھواں، آگ دونوں ہی کو

ڈھال دیتا ہے پھر زندگی کے گلوں میں !

زرِ گل سے ندیاں معطّر ہوا کرتی ہیں !
آب کی جو گھڑی ہے
ہے حرکت ہی اس کی جُدا

پھر سمندر کے پھیلاؤ سے
فاصلے بھی زمینوں کے بڑھتے گئے
کیا سمندر نہیں جانتا ؟
اس لیے ہی تو چاروں طرف گھوم کر
خود کو تکلیف میں مبتلا کرنے والے بنی نوعِ آدم کو
اپنے ہی جھولوں میں رہ کر وہیں جھولنے کی
وہ تلقین کرتا رہا ہے سدا !
ہر تمدّن کو چاروں دِشاؤں میں
اپنے ہی ہاتھوں سے پہنچانے والا
سمندر رااہم ذریعہ ٔ آمدورفت ہے !
سارے عالم کا وہ سفیر تمدن .....
جو تہذیب کی ساری سمتوں میں نشر و اشاعت کرے !

آج لیکن سمندر رہے غمگیں کیوں ؟

جان لیوا خطرناک ہتھیار سے لیس بیڑے بنا کر

سمندر کی نیندیں اڑاتا ہوا کون ہے ؟

بے حد و انتہا آب کے اس ذخیرے کی

خود ساختہ سرحدوں پر جو قابض ہوا.....

حکم اپنا چلانے لگا ..... کون ہے ؟

آج پانی کو جنگ و جدل سے جو آلودہ کرنے لگا.....

کون ہے ؟؟؟

(ـــ23ـــ)

چند لوگوں کی تقدیر میں
ہے غذا اور پانی بس اک خواب سا!
ہے یہ کچھ کے لیے اک ضرورت.....
تو کچھ کے لیے عیش و عشرت کا سامان ہے۔
شہر کی تشنگی کو بجھانے
ہو کتنا بھی پانی......
وہ کافی نہیں!
کیوں کہ ہے تو گھڑا ایک ہی......
اور آبادی بڑھنے لگی ہے یہ جس تیز رفتار سے......
کیا اسی طرح پانی میں کوئی اضافہ ہوا؟
کل کی تصویر میں آب کے رنگ کم پڑ گئے۔
آب کا جو شجر ہے......
نہیں کچھ پتہ......
اس سے بوندیں بھی ٹپکی ہیں یا کہ نہیں!

جو فرازِ زمیں سے ڈھلانوں کی جانب
تسلسل بہاؤ کا ہے۔۔۔۔۔
اس میں اور ان ڈھلانوں کے مابین
کڑیاں ہیں انصاف کی
تال میل ان میں بالکل نہیں
اور
پانی کے جھگڑے
تو اب جان لیوا کوئی کھیل بننے لگے !
باؤلی میں جو تھوڑا سا پانی بچا
وہ بھی آبِ اجل بن گیا !

کوئی بارش سے بچنے نہیں۔۔۔۔۔
تشنگی کو بجھانے
اٹھاؤ ہری چھتریاں !
جنگلوں کی ہری چھتریاں تان کر
بیش قیمت خزانوں کا اب تو تحفظ کرو !
آؤ سیکھیں ذرا دیکھ کر اونٹ کو

ریت میں کیسے پانی کی گٹھڑی کو باندھے ہوئے
تیرتا ہے اِدھر سے اُدھر !
ریت کا یہ جہاز اپنا آدرش ہے !
"چھوڑو دیکھیں گے پھر بعد میں"
ٹالنے والے اطوار یہ کاہلی کے مناسب نہیں !
جانتے بوجھتے ہم گڑھا کوئی کھودیں اگر
ہم ہی گر جائیں گے اس میں .....
پانی نہیں !

آب کے قحط کے بوجھ سے
یہ ہمالہ بھی تھک سا گیا !
اب کہیں کس سے ؟
کیا ہم کہیں جا کے انتارتیکا سے
اور یا گرین لینڈ سے
کہ پگھل جاؤ تم..... !
کیا کریں التجا جا کے
کانگو، امیزان سے

کہ ہر اک سمت تم دوڑ اپنی لگاؤ.....!

مگر ساتھ کوئی بھی دیتا نہیں!
زیست کے آخری چند لمحات میں
تلسی جل کے سوا......!
آبِ رخصت ہے شائد یہی.....
آب ہی اصل دھن......
زیست کے چند لمحات کا!
جنگلوں میں ہوا جذب جو آب.....
وہ کام آتا ہے انسانیت کے بُرے وقت میں!
برگ ہاتھ اپنے جوڑے ہوئے
کر رہے ہیں نمستے!
گُلِ آب پر
تتلی بیٹھی ہوئی......
حلق سے اس کے امرت اترتا ہوا......
کیسا نادر نظارہ ہے یہ!
آؤ اس کا تحفظ کریں!

گائیں ہر ہر قدم

نغمہ ٔ آب ہم ! !

(---24---)

جل کے گیتوں کا آہنگ ہے بے سُرا!
آب کے دل میں بھی
جیسے زخموں کا انبار ہے!

اک زمانے میں اک گاؤں تھا.....
چند قرنوں کے بعد اس کو دیکھا تو ایسے لگا.....
ہے وہ لیکن
نہیں ہے وہاں!
گاؤں ہے پر وہاں کوئی رہتا نہیں!
ہیں مکانوں پہ تالے پڑے.....
اور سنسان گلیاں سبھی!

ساری بوسیدہ دیواریں گرتی ہوئی.....
زہر سے بھی بھیانک ہے یہ خامشی !

ایسے لگتا ہے اس گاؤں کو آب نے ڈس لیا!
آب نے زہر بن کر
سبھی دل میں اپنے بھروسہ لیے پینے والوں کو
جیسے ڈبو ہی دیا!
ہڈیوں میں .....
بدن کی ہر اک رگ میں اس نے بسیرا کیا!
اور پھر رینگتے سارے اعضاء کو اس نے اپاہج کیا!
کتنی جانوں کو برباد اس نے کیا!

نام اس کا فلورین ہے.....
یہ شراپ اس کا ہے!
جس نے بچّوں کے بچپن کو کمھلا دیا.....
اور ان کا بدن ہڈّیوں کا فقط ایک پنجرہ ہوا!
نوجواں سارے بے وقت بوڑھے ہوئے

ٹیڑھے میڑھے ہوئے پیر.....

جس کے سبب

زندگانی کی راہیں سبھی

ٹیڑھی میڑھی ہوئیں!

درد جوڑوں میں ایسا اٹھا

گاؤں کی ہڈیاں ساری ڈھیلی ہوئیں

لو وہ دیکھو

وہاں زندہ لاشیں سی چلتی ہوئی!.....

"دس برس سے یہ بیٹھک ہی دنیا بنی ہے مری.....

میں نہ چل سکتی ہوں اور نہ پھر سکتی ہوں".....

خشک آنسو لیے اپنی آنکھوں میں

یہ ایک لڑکی کی فریاد ہے!

تھا وہ اک دور جب

گاؤں والوں نے تحریک ایسی چلائی کہ

تبدیل کر ڈالا سارا نظام!

اور یہی گاؤں والے سبھی

کیسی لاچار حالت میں ہیں اب پڑے !

"پانی دو گے ؟"

یہ پوچھا تو کہنے لگے

"پانی پینے کا بالکل نہیں .....

یہ جو پانی ہے، پینے کے قابل نہیں .....

یہ تو زہریلا ہے" .....

زہر یہ آدمی نے ملایا نہیں .....

یہ زمیں کی جو پرتیں ہیں ان کی بھی سازش نہیں .....!

آب کو کوسنے سے ہے کیا فائدہ ؟

مادرِ آب بھی تو

متاثر ہوئی ہے فلورین سے !

دانت اپنے چبھوئے ہیں فلورین نے

اس زمیں کے رحم میں سے

بہتے ہوئے آب میں .....!

اور برسات نے

ڈھانک رکھّا ہے منھ

موند رکھیں ہیں بچوں نے آنکھیں

تو پھر

کونپلوں کے نکلنے کا نظارہ

کیسے کیا جاسکے گا بھلا؟

پانی پینے کا اس گاؤں کو آئے گا کیا کبھی ؟

جب پڑوسی کے دل میں نمی ہی نہیں

اس کو پانی کی قیمت کا کیسے پتہ ..... ؟

جب کہ نلگنڈہ سے افریقہ تلک

لاکھوں ہی فلورسس کے بھیانک مرض میں گرفتار ہیں !

ان علاقوں کے نقشے سبھی اس کے منھ پر پٹک دو

کہ آہ و فغاں کو وہ سنتا نہیں !

احتجاجی اگر چیخیں چلّائیں اور نعرہ بازی کریں.....

ریل فائلوں کی دوڑاتا ہے

اور تقطیر کا فلسفہ جھاڑتا ہے !.....

مگر جو کروڑوں ہی جانیں ہوئیں ضائع اب تک

وہ کیا زندہ ہو پائیں گی؟

پاس میں ہی ہے کرشناندی۔۔۔۔۔

آب کا نام آلودہ کرتے ہوئے زہر کو

کوستی ہی رہی۔۔۔۔۔!

ہاتھ اس کا پکڑ کر کوئی

ساتھ کیوں لے کے جاتا نہیں؟

کیوں کوئی ٹھنڈی لہروں سے اس کی

دیہاتوں کی تشنہ لبی دور کرتا نہیں؟

ہے سفر اس کا شہ راہ پر!

اس کو پہنچانے پگڈنڈیوں تک

سبھی منتظر اک بھگیرتھ کے ہیں!!

(---25---)

اپنے پرکھوں کی خاطر چلا آب لانے
بھگیر تھ
تو یاد آ گئی جیسے نانی اسے
ایک فوّارے کے روپ میں چمچماتی چمکتی ہوئی گنگا میّا
جٹا سے نکل کر زمیں پر اتر آئی
زرخیز دھرتی کو کرنے لگی
کوہ اور آب کے بیچ رشتہ ہے کیا آج کا؟
ایک شوہر ہو دو عورتوں کا تو کیا
بیچ سوتوں کے جھگڑا کبھی کوئی ہوتا نہیں؟

یہ جو جھگڑا ہے پانی کا
یہ آج کا تو نہیں
یہ پریشانیاں ہیں جو پانی کی خاطر
کوئی آج کی تو نہیں

جانے کتنے یُگوں سے ہے اوتار کا منتظر آدمی
بس یونہی کچھ
دلِ آب بھی اک بھگیرتھ کا ہے منتظر

کیا نہیں ریگزاروں میں بھی زندگی؟
تشنگی ریگ زاروں کی لیکن ہوئی لحہ لحہ فزوں !
خشک لب اور طاقت بھی کم.....
پھر بھی بڑھتے چلے جا رہے ہیں قدم دور تک.....
کاغذوں کو معطّر سے بناتے ہوئے !
یہ کسی نظم کے بند جیسے قدم بھی نہیں !
تیز تپتی ہوئی دھوپ میں
پیر چھالوں بھرے !
ختم جو ہو نہ پائے وہ آبی سفر !.....
سوکھتے اور تڑختے قدم
وہ بھی ناکارہ بے فیض سے !
پیار بچّوں سے اُس ماں کا
ہے آب کی شکل میں !

اک گلاس آب کا
ماں نے خون اپنا پگھلا کے حاصل کیا !
اُس گرہنی نے شوہر کو تحفہ دیا پیار کا
وہ ہے پانی سے ہٹ کر بھلا اور کیا؟
"لعل میرے ! نہ رو..... کیوں کہ رونے سے
سب اشک آنکھوں سے بہہ جائیں گے"
جانِ من !
اپنے بچّے کو رونے نہ دو
ورنہ پانی بدن سے سبھی خشک ہو جائے گا

دور صحرا میں چلتا ہوا آ رہا ہے کوئی..... !
گرد چھٹنے کے بعد اس کی صورت نظر آئے گی !
ایسے لگتا ہے وہ شہر کا اک پڑھا لکّھا انسان ہے ۔.....
اب کنارے پہ بیٹھا وہ دم لے رہا ہے ذرا !
شہر میں ہر کوئی تو فریبی نہیں
شہر میں جنم لینا غلط تو نہیں .....
ہاں مگر گاؤں کو بھول جانا مہا پاپ ہے۔

شہر میں بھی ہیں سرسبز وشاداب انسان کچھ.....

جن کے اندر لگن.....

دوسروں کے لئے کچھ کریں !

جن میں انسانیت کی ہیں قدریں رواں

ان ہی قدروں سے سرشار کچھ نوجواں !

ایک لمحے ہی میں ٹوٹتی سانس کی طرح

یا دوسرے پل میں ہی

ٹوٹتے اور بکھرتے ہوئے بلبلے کی طرح !

جیسے ہو برف کا ایک چھوٹا سا ٹکڑا کوئی

دیکھتے دیکھتے گھُل کے مٹ جائے جو !

جلد مٹ جایا کرتے ہیں وقتی اُبال..... !

آدمی کی ہے فطرت عجب !

کچھ نہ کرنا.....

اگر کچھ کریں بھی تو یوں

گویا بوجھ اپنے سر سے اتاریں.....

مگر

چند ایسے بھی ہیں
جن میں انسانیت کا ہے جذبہ بھرا.....
جن کا مقصد ہی دنیا کی بہبود ہے
ہے یہ شخص ایک ایسا ہی دھرماتما!
اس کو پورا یقیں تھا
اگر گاؤں میں علم کا بیج بوئیں
تو یہاں علم کی فصل اُگ پائے گی.....
اس لیے اپنے دامن میں وہ بیج بھر کے یہاں آگیا!

"درمیاں علم کی بات کیوں آ گئی ____
جب کہ پانی بنا ہم سبھی مر رہے ہیں یہاں" .....
تجربہ سن کے مکھیا کا

سچائی سب سامنے آ گئی.....
جوش کو ولولے کو
نئی اک دِشا مل گئی..... !

"کون ہے شخص یہ
اور کہتا ہے کیا؟
اس کا دہشت پسندی تو مقصد نہیں ؟
چور بچّوں کا تو یہ نہیں ہے کہیں ؟
اس کے رہنے کو گھر کوئی ہر گز نہ دے"

ایک مندر ہنومان کا اس کا ڈیرا بنا
بیتے دن اور مہینے مگر
کوئی اس پر بھروسہ نہیں کر سکا
ہاں گر
وہ نہ پھِسلا نہ بھاگا کہیں
بس تپسّیا میں بیٹھا رہا
ظلمتیں اس کا کر لیں گی کیا
ہوگا اک دن سویر ..... یقیں تھا اسے !

یوں تو پانی نہیں ہے مگر
یہ نہیں ہے کہ پانی نہیں .....

ڈھو کے برسات لائی جو پانی
تو وہ یونہی بے کار بہتا رہا!
ناتواں اور کمزور سطحِ زمیں
پرتیں دھرتی کی پانی سے عاری رہیں !
اس جگہ پر کبھی ایک تالاب تھا
گرمیوں میں بھی پانی وہاں جگمگاتا رہتا کبھی !

"آؤ پانی بچاؤ ذرا" ..... جب وہ چیخا .....
تو سب نے یہ سوچا کہ دیوانہ ہے !
ہاں مگر بعد میں سب کو معلوم ہو ہی گیا کہ
وہ دیوانہ پن تو ہمارا ہی ہے !

کوہ آراولی.....
مر گئیں پانچ ندیاں وہاں !
اور نہریں سبھی
جیسے سانپوں کی چھوڑی ہوئی کینچلی بن گئیں !
تب اسی نے کہا

"پھر سے ندیوں کو زندہ کروں گا"

ارے کیا بھگیرتھ کوئی پھر سے پیدا ہوا؟

چند بوندیں پسینے کی چھڑکیں

تو پھر فصل پانی کی اُگ پائے گی.....

پانی دوڑے تو کیوں !

آب کو دھیرے چلنا بھی تو چاہئے !

اس کو رکنا بھی تو چاہیے !

یہ بڑے باندھ.....

کیا ان سے حاصل بھلا؟

چھوٹے چھوٹے اگر باندھ بن جائیں تو

تو ہیں کافی ہمارے لئے !

دیکھ سکتا ہے دو آنکھ سے جو.....

اسے تیسری آنکھ کی کوئی حاجت ہے کیا؟

لوگ سارے ہی بیدار ہو جائیں تو

بہنے لگتا ہے پانی مچلتا ہوا !

نعرے محنت کشوں کے اٹھے.....

کوہِ آراولی کانپ اٹھا!

کیا لیا جنم پھر سے کسی رانا پرتاپ نے ..... ؟

سارے ماحول میں

وِیرتا آب کی پھیلتی ہی گئی.....

باندھ بننے لگے.....

اور بارش کے پانی نے آہستہ آہستہ

سہلائے رخسار جب باندھ کے

تو ہوا یوں کہ

بے آب خاموشیوں کی جو عادی تھی ریتیلی دھرتی.....

وہاں

گنگناہٹ سی نہروں کی ایسے لگی

جیسے کانوں میں رس گھل گیا!

گھاس کی کونپلیں

اتنے دن تک نہ جانے

کہاں کن تہوں میں تھیں خوابیدہ.....

بیدار ہونے لگیں!

جب کُدال اور کھرپی ہو ہاتھوں میں

گوپی کی نظم نغمۂ آب   ترجمہ : رحمت یوسف زئی

تو پھر چھلانگیں لگائیں گی لہریں وہاں آب کی !

ہم نے مندر بنائے

تو کیا ایشور نے ہمیں آب بخشا بھلا ؟

دیکھو پانی کے مندر بنا کر ذرا ۔ ۔ ۔ ۔ ۔

دے گا بھگوان درشن ہمیں ۔ ۔ ۔ ۔ ۔

کیوں کہ بھگوان تو بس یہی آب ہے ! !

(---26---)

آب کی قدر و قیمت ہے کیا!
قحط میں اور شادابیت میں
جو ہے فاصلہ۔۔۔۔۔
بس وہی آب کی قدر ہے!
آب کو روپیوں سے اگر کوئی تولے
تو یہ بات انسانیت کے مغائر ہی ہے!
صرف اپنی ضرورت پہ
ناقدری اور قدر کی جانچ ہوتی نہیں!
دو ہی پہلو ضرورت کے ہیں۔۔۔۔۔
اک طرف قحط کا ہے بھیانک عذاب
اور اُدھر دوسرے چھور پر

لوٹ ہے ہر طرف ہی معیشت کی !

اور یہ سبھی جانتے ہیں

معیشت بڑی ہی حسیں چیز ہے !

"ہے اگر اس کی قیمت زیادہ تو کیا.....

آبِ خالص تو ہے.....

دولتِ آب سے تو ہے دولت صحت کی زیادہ اہم" .....

یہ ہے پیاسوں کے ذہنوں کو

ہموار کرنے کا اک حربۂ کار گر !

"تم جو پانی کو بیمار کرتے ہو.....

کیا تم ہو خود ہی علاج آب کا؟ "

ملکیت تو ہے پانی سبھی جان داروں کی لیکن

وہ خود غرضیوں کے ہے سائے تلے !

سائے خود غرضیوں کے ہٹا دو پرے !

ٹھیکے داروں کو گر

سونپ دیں اقتدار آب پر.....

پھر تو پانی کا محصول ہو جائے گا دوگنا !

ہیں جو ساجھے کے سارے عوامی کنویں.....

وہ پرائی دوکانوں میں تبدیل ہو جائیں گے!
اور بارش کے پانی کو کرنا ہے جمع تو پھر
غاصبوں کے اشاروں پہ چلنا پڑے گا ہمیں!
تم کو معلوم بھی ہے
کہ بولیویا میں ہوا کیا.....؟

وہاں آب سے جنم لیتی ہوئی بجلیوں کی طرح
احتجاجوں کے بادل گرجنے لگے!
وہ جو سمجھوتا تھا شرم ناک......
اس کو جنتا ہی نے کر دیا ختم آغاز میں!
کیوں کہ پانی کا مطلب تو جنتا ہی ہے
اور چھوٹے سے اک ملک نے اس کو ثابت کیا!
ایسی عظمت بھری راہ میں سارے عالم کو چلنا پڑے گا۔
اگر آب کو کوئی دیواروں میں قید کر لے......
تو جنتا کا بڑھ جائے گا "ٹمپریچر....."!
تو پھر اب سنبھل جائیں!
ہوشیار ہو جائیں سب!!

(ـــ27ـــ)

اے او انسان

کیا تو نے پہچانا مجھ کو؟

یہ میں آب ہوں!

دھیرے دھیرے جو کم ہو رہا ہے، وہ امرت ہوں میں!

میں کہ مرجھا رہا اک کمل ......!

سال بھر میں بس اک بار

لمبے طویل اک عمل سے گزرتے، ابلتے ہوئے

اوپری سطح پر جیسے بلائی جمتی ہوئی

کروڑوں کی تعداد میں جان داروں کے پاس

اس زمیں پر میں اترتی ہوئی آب کی بوند ہوں !

پیار کی مستیوں میں مچلتا ہوا

پیار و شفقت کا جیسے سمندر ہوں میں !

اے او انسان.....

تجھ سے کئی دن سے میں گفتگو کرنے بے چین تھا

دیر لیکن ہوئی !

اور تاخیر یہ

آخرش زہر کی شکل میں ڈھل گئی !

تو نے امرت کو تو دیوتاؤں کا حصہ کہا..... !

دیوتا، راکھشس.....

ان سبھوں نے سمندر بلو کر جو باہر نکالا

وہ امرت نہیں.....

صاف و شفاف پانی تھا !

بس پھر وہیں سے شروع ہو گیا پکش واد

اس کا بٹوارا کرتے ہوئے !

بے بہا زندگی کی میں تابش ہوں.....

میں بے بہا جوہر زندگی.....
تو نے سب کچھ بھلا ہی دیا!
ہو گیا میں یہ کیا آج!
یہ تم سبھی نے مجھے آج کیا کر دیا!
کچھ زیادہ سمجھدار ہو تم سبھی.....
عقل نے ہی تمہاری ڈبویا تمہیں.....
عقل نے ہی تو خود غرضیوں کو بڑھاوا دیا.....

ساری دنیا نے خود غرض بن کر مجھے تو نگل ہی لیا!

اے او انسان.....
اے آدمی.....
اپنے چمڑے کے کانوں سے سننا نہیں
اپنی چمڑے کی آنکھوں سے مت دیکھنا
انگ انگ اپنا کھولو ذرا اور سنو......!

میں نے اس جنم ہی کے لیے

کیسی کیسی مصیبت اٹھائی !

سمندر مرا بے کراں روپ ہے.....

اس نے جو بھی کہا میں نے مانا سبھی

آسماں پر مجھے دور پھینکا گیا

تب بھی بڑھتا رہا میں خلاؤں میں

اور

بے کراں تجربہ گاہ میں

روپ کتنے ہی دھارن کیے !

جب پہاڑوں سے ٹکرا کے زخمی ہوا.....

سہہ لی تکلیف میں نے مگر سر جھکایا نہیں !

تیز بجلی کی تلوار نے چیر ڈالا بدن.....

پھر بھی پیٹھ اپنی میں نے دکھائی نہیں !

جب پھسلتا ہوا

سرحدوں میں زمیں کی میں آیا تو چھننے لگا !

اور چھننے کا یہ جو عمل ہے وہ کتنا اذیت رساں ہے.....

پتہ ہے تمہیں ؟

جو نہ تقسیم ہو پائیں حصے بدن کے.....

کئی ان کے ذرّے بکھرتے ہوئے.....

تم بھلا اس اذّیت کو سمجھو گے کیا!

شکل تبدیل ہوتے ہوئے جس اذّیت سے گزرا ہوں میں.....

تم کو ہے اس کا احساس کیا؟

برف کے قید خانے میں محبوس جب میں ہوا.....

جیسے جینے کی خواہش مری منجمد ہو گئی!

پھر بھی لاکھوں کروڑوں سبھی جان داروں کی بہبود

میری تمنّا رہی!

میری گودی میں جب آگ پیدا ہوئی

مجھ کو سر تا قدم اس نے جھلسا دیا.....

میں دہکنے، اُبلنے لگا!

بھاپ بن کر مری شکل بھی چھِن گئی

غم زدہ میں ہوا!

ہاتھ میں اپنے آبی کلس کو لیے

اور کروڑوں ہی خوابوں کو اپنے جلو میں لیے

میں زمیں پر پہنچ ہی گیا!

گوپی کی نظم نغمۂ آب — ترجمہ: رحمت یوسف زئی

انتظام آب کا تم نے کیسا کیا؟
حرکتیں ہیں یہ کیسی تمہاری بھلا؟
میرا نازک بدن!
اس میں لہرایا کیوں تم نے پرچم یہ ناپاک سا!
پانچ عناصر میں رسّہ کشی ہے مگر
پھر بھی ان سے مجھے کوئی خدشہ نہیں

اور تم.....؟
میں کہ جیون تمہارا بنا
میں تمہارے لیے ہی تو پُشکر بنا......
کرنے رکھوالی انفاس کی
روپ امرت کا دھارن کیا!......
پھر یہ کیا کر رہے ہو تم آخر!
تعفّن زدہ کیوں بنانے لگے گہرے رشتے کو اپنے!
ندی بن کے میں دوڑتا ہی رہا
اپنے پیروں کو میں توڑتا ہی رہا
پھر بھی اس پر تمہارا عمل مجرمانہ ہے!
میرے سبھی روپ تم

اپنی خود غرضیوں پر ہی قربان کرتے رہے !

شہر کی چاہ میں جنگلوں کو کیا نیست و نابود تم نے !

اگر ہوں نہ جنگل تو پھر سانس کیسے چلے !

تھک کے دھرتی کی پرتوں میں جب آ گیا میں

تو تم زہر پھیلا رہے ہو یہاں ..... کس لئے ؟

میری بربادی گہنے ترقی کے کیسے بنی ؟

برف میں میں دبا ہوں تو

تلوار کو سونت کر

دفن کرنے لگے ہو مجھے ..... کس لئے ؟

اے او انسان !

تم برف کی سمت ہر گز نہ آنا کبھی

اے او انسان کی شکل میں جانور.....

میں نے یہ کیا کہ دیا !

جانور کی خطا کیا بھلا !

وہ تو فطرت کے لئے ہی الا پا کیا !

اور اک تم ہو جس میں نہیں ہے توازن کوئی !

گوپی کی نظم نغمۂ آب
ترجمہ: رحمت یوسف زئی

بس خبردار۔۔۔۔۔

نزدیک آنا نہ تم برف کے!

اب بھی آنکھیں نہ کھولیں تو پھر جان لو

قہر کے اک بھیانک سمندر کا میں روپ لے کر

ڈبو دوں گا اک دن تمہیں!

اے او انسان۔۔۔۔۔!

کتنے ہی ہیں روپ میرے مگر۔۔۔۔۔

روپ جو ہیں تمہارے بدلتے ہوئے۔۔۔۔۔

اف۔۔۔۔۔!

بڑے حیرت انگیز ہیں!

تم نے ندیوں کو زخمی کیا

اور تالاب سارے کیے دفن دھرتی تلے!

اب جو ندیوں کی رٹ سی لگائی ہے تم نے۔۔۔۔۔

سنو یہ میں کہتا ہوں پھر۔۔۔۔۔!

کیوں کہ باتیں بھلائی کی کہنا دوبارہ

غلط بھی نہیں!

میں نے کیا کچھ کیا ہے تمہارے لیے !
آبشاروں میں لہروں کا سر ٹوٹنے پر بھی
میں نے سفر اپنا روکا نہیں !
پیٹھ پر بوجھ ڈھوتے ہوئے
خرچ کا بوجھ تم پر جو تھا.....
اس کو ہلکا کیا !
پھر بھی یہ جو زمینی، ہوائی ہیں رستے.....
تمہارے لئے باعث فخر ہیں !
تم میں ان کی وجہ سے غرور آگیا ہے
خبر دار.....
یہ جان لو.....
گر ثقافت و تہذیب ہو آب سے تیز رفتار تو
اس میں مخطرات بھی کچھ زیادہ ہی ہیں !
فلورسس کا مرض کم نہ ہو پائے گا !
آب لا کے ندی کا ذرا منھ میں جنتا کے تم ڈال دو !
میں رجائی نہیں ہوں مگر

اب یہاں اور وہاں
جنم لینے لگے ہیں کچھ ایسے بھی پر نور لوگ.....
آب کی روح کو جو کریں دائمی
آئیڈیل آب کے جو زمانے میں پرچار کرتے رہیں
دل ہے معمور جن کا سدا پاک جذبات سے
اُن کے اندر جو قوت ہے پانی سے الفت کی.....
اس سے ملے گی تمہیں روشنی!
آب کی زندگی سے ہی چہروں پہ ہو گی تجلّی سدا!
سارے عالم کو
ایسے عظیم اور بے لاگ اشخاص کے پیچھے چلنا پڑے گا.....
وگرنہ
ہے شمشان کا راستہ ہی تمہارے لیے!.....

میں پھر اک بار کہتا ہوں.....
تم قدر جانو مری.....
میری قیمت مقرر نہ کرنا کبھی!
تم نے ہی تو کیا مجھ کو آلودہ.....

اب پاک کرنے کا لے کر بہانہ
نہ تم جنس مجھ کو دوکانوں کی ہر گز بنانا کبھی!
پہلے اپنے دلوں کو ذرا پاک کر لو.....
چھلکتے ہوئے خوں کے فوّارے چُلو میں بھر لو.....
اٹھو.....
کیوں کہ
ہر لمحہ
اب لمحۂ آب ہے!
ہر منٹ
ہے منٹ آب اُگنے کا!
ہر گھنٹہ
ہے آب کی فصل کا!
اور موسم ہر اک
آب ہی کا ہے موسم!
یہی میرا نقّارۂ آب ہے.....
بس یہی ہے منادی مری!
آب ہی سے نکلتی ہیں راہیں

کہ مستقبل زر فشاں آب ہے!

جل الرٹ

اپنے ہاتھوں کو آگے بڑھاؤ

کہ ہے بس اسی کے لیے

نغمۂ آب یہ!!!......

* * *